ښوونځی - школа		2
سفر - падарожжа		5
ترانسپورت - транспарт		8
ښار - горад		10
منظره - краявід		14
ریستورانت - рэстаран		17
لوی پلورنځی - супермаркет		20
څښاک - напоі		22
خواړه - ежа		23
کرونده - сядзіба		27
کور - дом		31
د اوسیدو خونه - жылы пакой		33
پخلنځی - кухня		35
حمام - ванная		38
د ماشوم خونه - дзіцячы пакой		42
پوښاک - адзенне		44
دفتر - офіс		49
اقتصاد - эканоміка		51
مسلکونه - прафесіі		53
لوازم - інструменты		56
د میوزیک آلات - музычныя інструменты		57
ژوبڼ - заапарк		59
ورزش - спорт		62
فعالیتونه - дзейнасць		63
کورنۍ - сям'я		67
بدن - цела		68
روغتون - шпіталь		72
عاجل - экстраная дапамога		76
ځمکه - Зямля		77
ساعت - гадзіннік		79
اونۍ - тыдзень		80
کال - год		81
شکلونه - формы		83
رنگونه - колеры		84
متضاد - супрацьлегласці		85
شمیری - лічбы		88
ژبی - мовы		90
څوک/څه/څنگه - хто / што / як		91
چیری - дзе		92

Impressum
Verlag: BABADADA GmbH, Nedderfeld 112 , 22529 Hamburg
Geschäftsführer / Verlagsleitung: Harald Hof
Druck: Books on Demand GmbH, In de Tarpen 42, 22848 Norderstedt

Imprint
Publisher: BABADADA GmbH, Nedderfeld 112 , 22529 Hamburg, Germany
Managing Director / Publishing direction: Harald Hof
Print: Books on Demand GmbH, In de Tarpen 42, 22848 Norderstedt, Germany

ښوونځی

школа

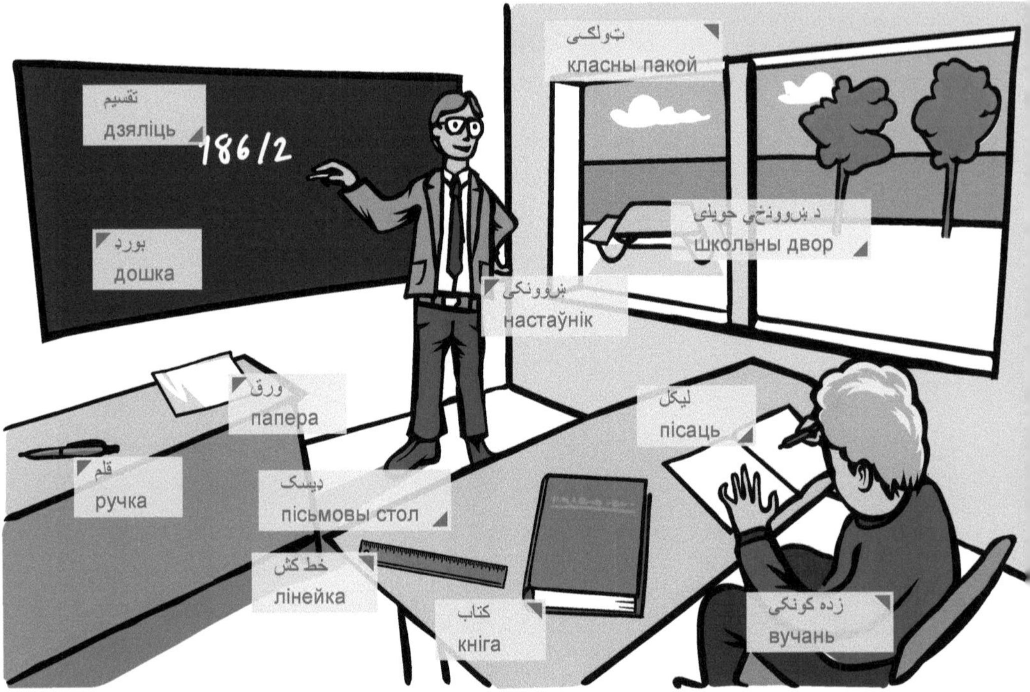
ټولګی
класны пакой
تقسیم
дзяліць
186/2
بورډ
дошка
د ښوونځي حویلی
школьны двор
ښوونکی
настаўнік
ورق
папера
لیکل
пісаць
قلم
ручка
ډیسک
пісьмовы стол
خط کش
лінейка
کتاب
кніга
زده کونکی
вучань

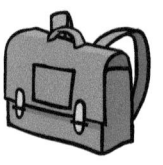

کڅوړه

ранец

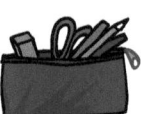

د پنسل بکسه

пенал

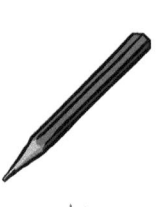

پنسل

просты аловак

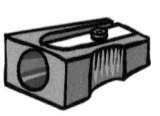

پنسل تراش

тачылка для алоўкаў

ربړ

гумка

د رسامۍ پاڼه

альбом для малявання

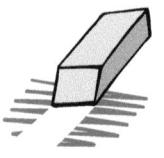

رسامي

малюнак

د نقاشی برس

пэндзлік

د نقاشی بکس

фарбы

قچي

нажніцы

سریښ

клей

د تمرین کتاب

сшытак

کورنی دنده

хатняе заданне

12

شمیر

лік

2+2

جمع

дадаваць

5−2

منفي

адымаць

2×2

ضرب

множыць

حساب

лічыць

A

توری

літара

ABCDEFG
HIJKLMN
OPQRSTU
VWXYZ

الفبا

алфавіт

hello

کلمه

слова

متن

تَكست

لوستل

чытаць

تباشير

крэйда

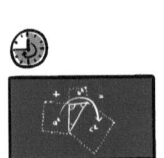

درس

ўрок

راجستر

класны журнал

ازموينه

экзамен

تصديق پاڼه

атэстат

د ښوونځي يونيفارم

школьная форма

تعليم

адукацыя

دايره المعارف

энцыклапедыя

پوهنتون

універсітэт

مايكروسكوپ

мікраскоп

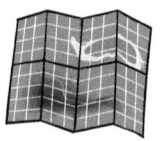

نقشه

карта

اشغالدانى

смеццевы кошык

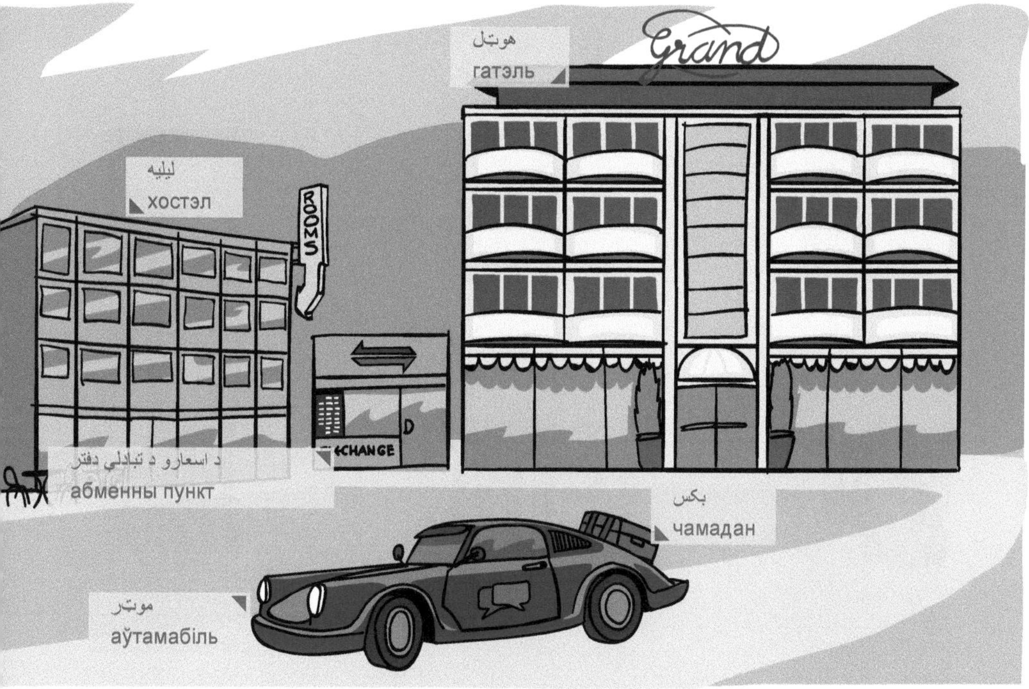

هوټل
гатэль
Grand
ليليه
хостэл
ROOMS
EXCHANGE
د اسعارو د تبادلې دفتر
абменны пункт
بکس
чамадан
موټر
аўтамабіль

ژبه
мова

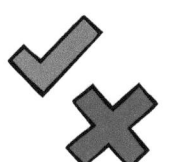

هو/نه
так / не

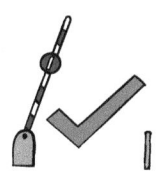

سمه ده
добра

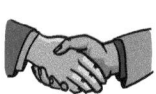

سلام
прывітанне!

ژباړونکی
перекладчык

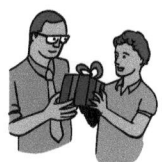

مننه
дзякуй

څومره ده...؟

Колькі каштуе....?

زه نه پوهيږم

я не разумею

ستونزه

праблема

ماښام مو پخير!

Добры вечар!

سهار په خير!

Добрай раніцы!

شپه په خير!

Дабранач!

په مخه مو ښه

да пабачэння

لارښود

кірунак

سامان

багаж

بيگ

сумка

شاتنی بکس

заплечнік

ميلمه

госць

خونه

пакой

د خوب کڅوړه

спальны мяшок

خيمه

палатка

د توريزم معلومات

інфармацыя для турыстаў

ساحل

пляж

كريديت كارت

крэдытная картка

ناری

снеданне

د غرمي خواړه

абед

د شپي خواړه

вячэра

ټيکټ

праязны білет

لفت

ліфт

مهر

паштовая марка

پوله

мяжа

ګمرک

мытня

سفارت

пасольства

ويزه

віза

پاسپورت

пашпарт

ټرانسپورټ

транспарт

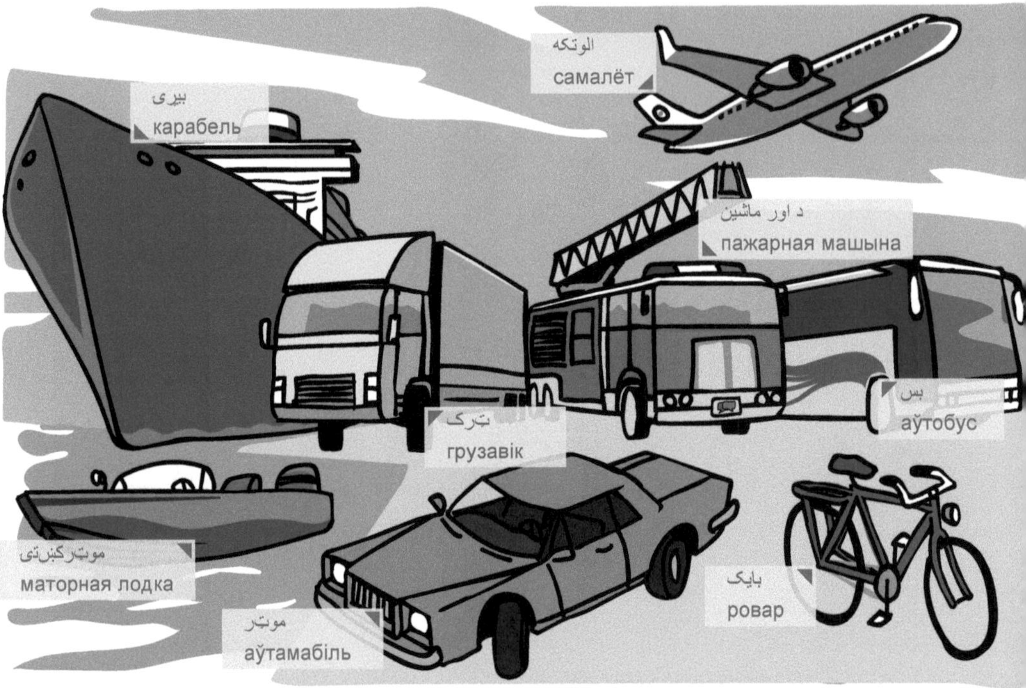
الوتکه
самалёт
بېړۍ
карабель
د اور ماشین
пажарная машына
ټرک
грузавік
بس
аўтобус
موټرګښتۍ
маторная лодка
بایک
ровар
موټر
аўтамабіль

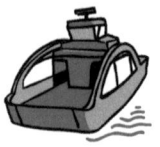

کښتۍ

паром

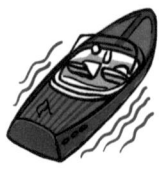

کښتۍ

лодка

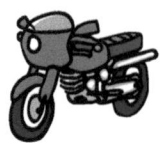

موټرسایکل

матацыкл

د پولیسو موټر

паліцэйская машына

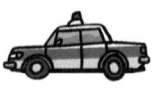

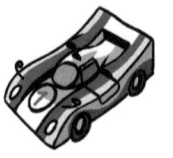

د ریس موټر

гоначны аўтамабіль

کرایي موټر

арэндаваны аўтамабіль

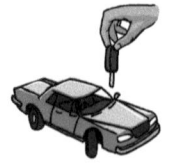

د کرایه موټری

سумеснае карыстанне
аўтамабілем

جرثقیل لرونکی ټرک

эвакуатар

ریفیوز ټرک

смеццявоз

موټر

матор

سونګ ټوکي

паліва

پټرول سټیشن

запраўка

ترافیکي نښه

дарожны знак

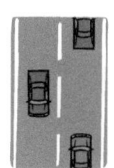

ترافیک

дарожны рух

جام ترافیک

затор

د موټرو ټمځای

паркоўка

د ریل سټیشن

чыгуначная станцыя

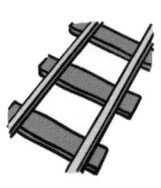

پاټکي

рэйкі

ریل

цягнік

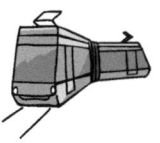

ترام

трамвай

واګون

вагон

چورلکه

верталёт

هوايي ډګر

аэрапорт

برج

вежа

مسافر

пасажыр

کانتېنر

кантэйнер

کارتون

кардонная скрыня

کارت

тачка

ټوکری

карзіна

الوتنه کول/کېنزيناستنل

ўзлятаць / прызямляцца

ښار

горад

کلی

вёска

د ښار مرکز

цэнтр горада

کور

дом

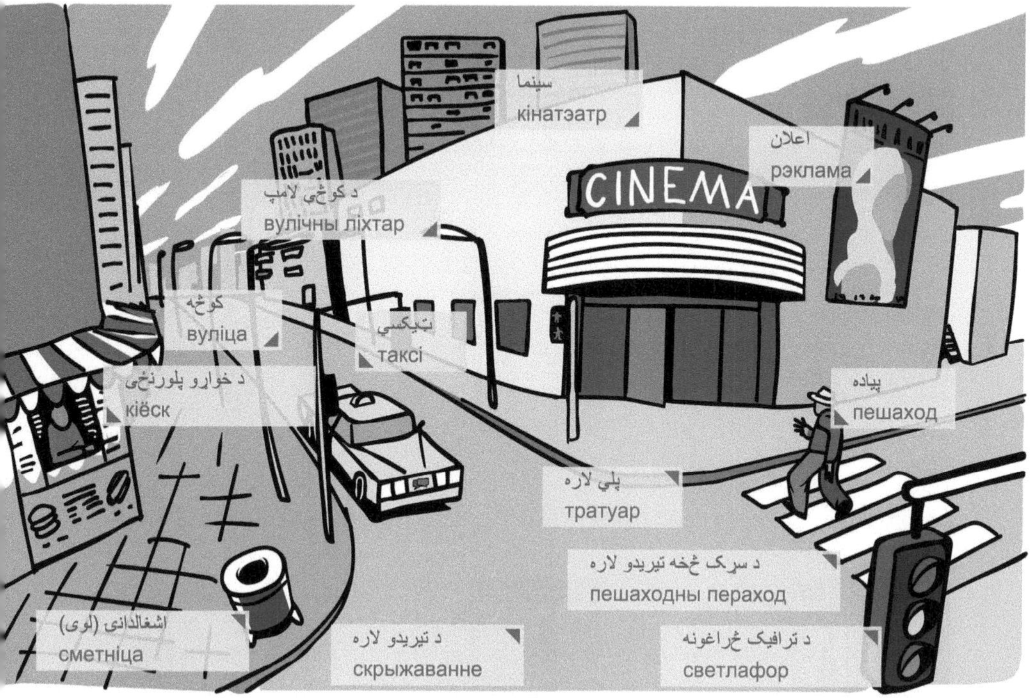

سینما
کінатэатр

اعلان
рэклама

د کوڅې لامپ
вулічны ліхтар

کوڅه
вуліца

تېکسي
таксі

د خوارو پلورنځی
кіёск

پیاده
пешаход

پلی لاره
тратуар

د سړک څخه تیریدو لاره
пешаходны пераход

اشغالدانی (لوی)
сметніца

د تیریدو لاره
скрыжаванне

د ترافیک څراغونه
светлафор

کوډله

халупа

اپارتمان

кватэра

د ریل سټیشن

чыгуначная станцыя

ټاون هال

ратуша

میوزیم

музей

ښوونځی

школа

پوهنتون

універсітэт

بانک

банк

روغتون

шпіталь

هوټل

гатэль

درملتون

аптэка

دفتر

офіс

کتاب پلورنځی

кнігарня

پلورنځی

крама

د گلانو پلورنځی

кветкавая крама

لوی پلورنځی

супермаркет

مارکیټ

кірмаш

د ډیپارټمنټ سټور

універмаг

کب پلورنځی

рыбная крама

د پلور مرکز

гандлевы цэнтр

لنگرتون

порт

پارک

парк

بينچ

лава

پل

мост

زينه

лесвіца

د ځمکي لاندی

метро

تونل

тунэль

بس تمځای

прыпынак

بار

бар

ريستورانت

рэстаран

پوست بکس

паштовая скрыня

د کوڅي نښه

вулічны паказальнік

د پارک کولو ميټر

паркамат

ژوبڼ

заапарк

د لامبو حوض

басейн

مسجد

мячэць

كرونده

سیادزیبا → سядзіба

ناپاکي

забруджванне навакольнага асяроддзя

هدیره

могілкі

چرچ

царква

د لوبو ډګر

пляцоўка для гульні

معبد/د/کلیسا

храм

پانہ
ліст

د لارښوونی تیرہ
паказальнік

لارہ
дарога

چمن
луг

کانی
камень

ونه
дрэва

هیگر
падарожнік

میند
рака

واښہ
трава

ګل
кветка

دره
دالіна

غوندی
гара

ناور
возера

خُنگل
лес

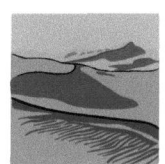

دشته
пустыня

اورشيندی
вулкан

كلا
замак

رنگين كمان
вясёлка

مرخيري
грыб

پلم ونه
пальма

ماشي
камар

الوتل
муха

ميږی
мурашка

مچی
пчала

غوند/جولا
павук

منظره - **краявід**

15

كونكـت

жук

چونكـشه

жаба

نولى

вавёрка

زيرىكى

вожык

سوى

заяц

كونك

сава

مرغى

птушка

قازه

лебедзь

نرخوگ

дзік

هوسى

алень

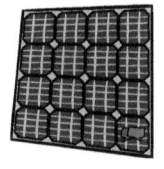

گاوزه

лось

بند

плаціна

بادي توربين

вятрак

سولر تختى

сонечная батарэя

اقليم

клімат

ريسټورانټ
рэстаран

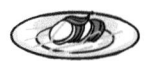

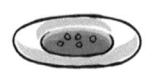

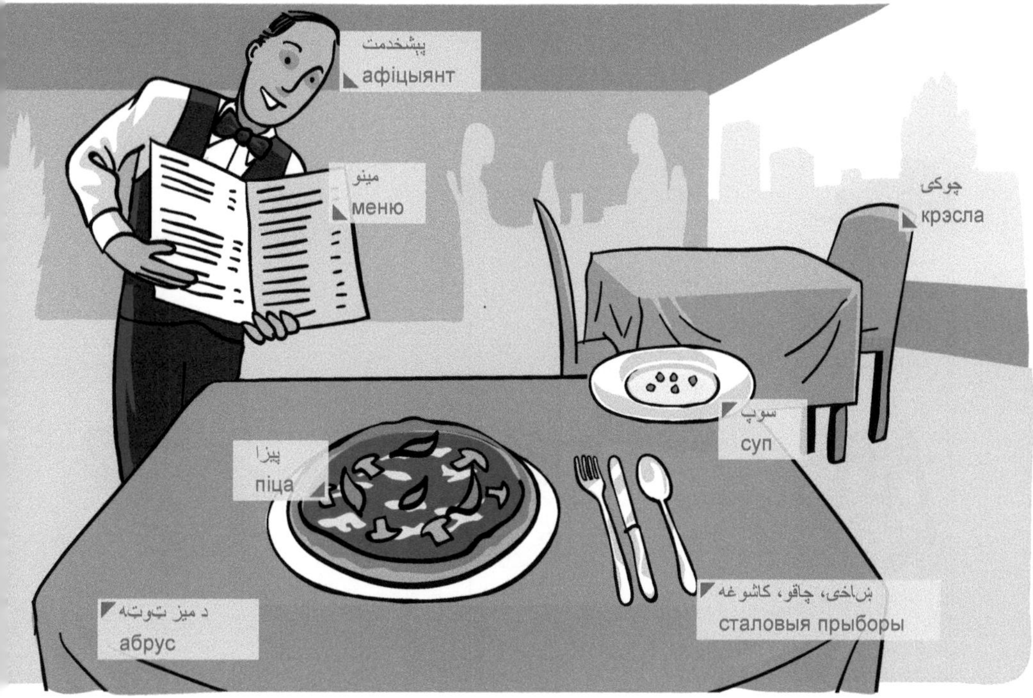

پیشخدمت
афіцыянт
مینو
меню
چوکۍ
крэсла
سوپ
суп
پیزا
піца
د میز ټوټه
абрус
ښاخۍ، چاقو، کاشوغه
сталовыя прыборы

سټارټر
закуска

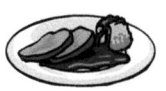

اصلي خواړه
другая страва

شیرني
дэсерт

څښاک
напоі

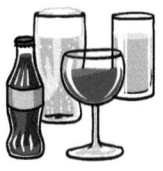

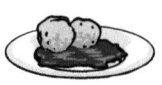

خواړه
ежа

بوتل
бутэлька

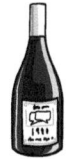

فاست فود

хуткае харчаванне (фаст-фуд)

د کوټۍ خواړه

стрыт-фуд

چای جوش

імбрык (чайнік)

قندانۍ

цукарніца

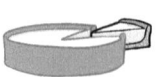

برخه

порцыя

اسپرسو مشين

эспрэса-машына

لوږه چوکۍ

дзіцячае крэселка

رسيد

рахунак

مجمه

паднос

چاکو

нож

پنجه

відэлец

قاشق

лыжка

چای قاشق

чайная лыжка

سرويت

сурвэтка

گلاس

шклянка

ريستورانت - рэстаран

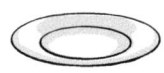

پلیټ

талерка

د سوپ پلیټ

супавая талерка

نالبکی

сподак

ساس

соус

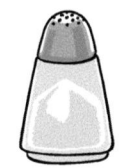

مالګه شیندونکی

сальніца

د مرچ تۍکولو لوخی

млынок для перцу

سرکه

воцат

غوري

алей

مساله

спецыі

کچ اپ

кетчуп

ثرشم

гарчыца

چکه

маянэз

لوی پلورنځی

супермаркет

خانګړی ورانديز
акцыя
پيرودونکی
пакупнік
لبنيات
малочныя прадукты
FOR
ميوه
садавіна
لاسي ګرځ
вазок

BUTCHERS

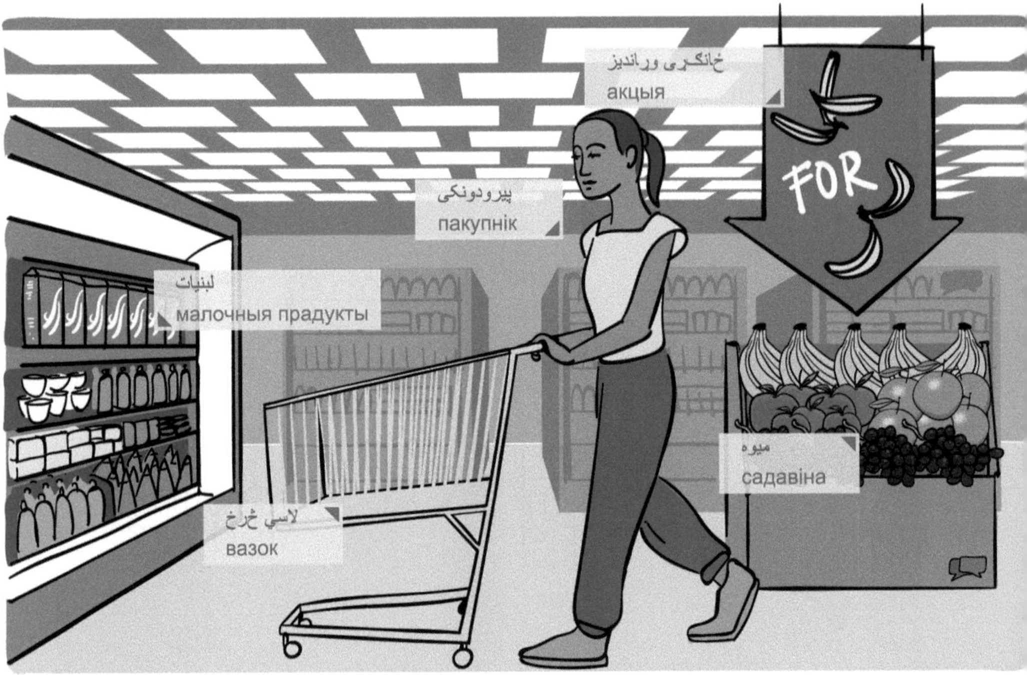

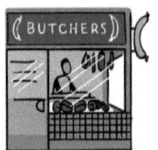

قصابي

мясная крама

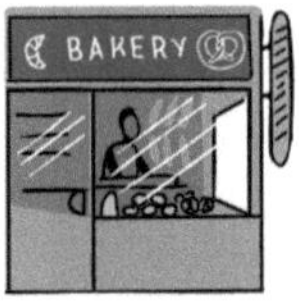

BAKERY

نانوايی

хлебны магазін

وزن کول

важыць

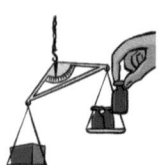

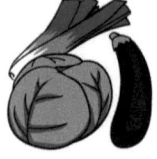

سبزيجات

гароднiна

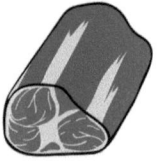

غوښه

мяса

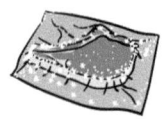

کنګل خواره

свежазамарожаныя прадукты

يخه غوښه

نارэзка

كنسروا خواره

кансервы

د مينځلو پودر

пральны парашок

شيريني

прысмакі

كورنۍ توليدات

хатнія прылады

د پاکولو محصولات

чысцячы сродак

د پلور فرد

прадавец

د نغدي راجستر

каса

صراف

касір

د پيرود ليست

спіс пакупак

كاري ساعتونه

гадзіны працы

بټوه

бумажнік

كريديت كارت

крэдытная картка

كڅوړه

сумка

پلاستيک كڅوړه

пакет

напоі

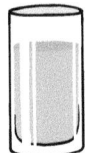

اوبه

вада

جوس

сок

شيده

малако

كوك

кола

واين

віно

بيير

піва

الگول

алкаголь

كىكاو

какава

چاى

гарбата (чай)

كافى

кава

اسپرسو

эспрэса

كپچينو

капучына

كيله

банан

مڼه

яблык

نارنج

апельсін

هندوانه

дыня

ليمو

лімон

گازره

морква

هووره

часнок

بانکس

бамбук

پياز

цыбуля

مرخيړي

грыб

چغزی

арэхі

آش

локшына

سپیگتي

спагеці

وريجي

рыс

سلاد

салата

چپس

бульба фры

سره کړي کچالو

смажаная бульба

پيزا

піца

همبرګر

гамбургер

ساندويچ

бутэрброд

کتره

шніцаль

د پتون غوښه

вяндліна

سلمي

салямі

ساسج

каўбаса

چرګ

курыца

روست

смажаніна

کب

рыбак

د وربشی شیرني
....
аўсяныя камякі

موسلي
....
мюслі

د جوار پلی
....
кукурузныя шматкі

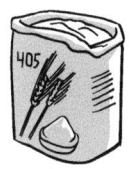

اوړه
....
мука

کروسانت
....
круасан

د ډوډی رول
....
булачка

ډوډی
....
хлеб

ټوسټ
....
тост

بسکیت
....
пячэнне

کوچ
....
масла

چکه
....
тварог

کیک
....
пірог

هګۍ
....
яйка

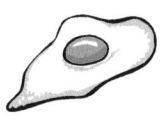

پنیی هګۍ
....
яечня

پنیر
....
сыр

آيس كريم

مارожанае

بوره

цукар

شهد

мёд

مربا

варэнне

نوگات كريم

нуга

كوركمان

кары

сядзіба

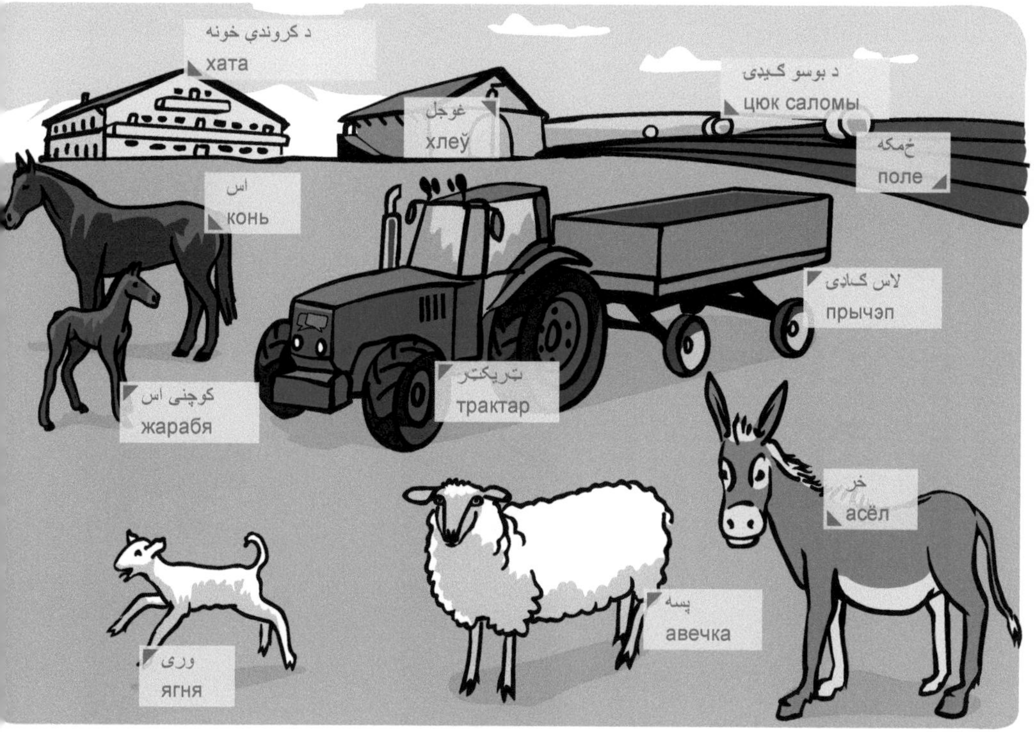
د کروندې خونه
хата
غوجل
хлеў
د بوسو ګېډۍ
цюк саломы
ځمکه
поле
اس
конь
لاس ګاډی
прычэп
کوچنی اس
жарабя
ټریکټر
трактар
خر
асёл
پسه
авечка
وری
ягня

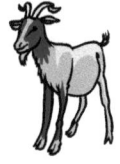

وزه
....
каза

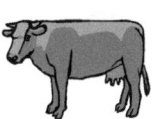

غوا
....
карова

خوسکی
....
цяля

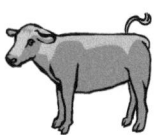

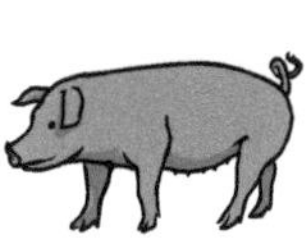
خوګ
....
свіння

د خوګ بچی
....
парася

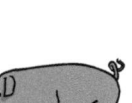

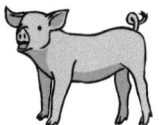

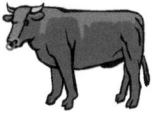

غویی
....
бык

بتە

گусاک

هیلۍ

качка

چرگورۍ

кураня

چرگه

курыца

بانگي

певень

سارای موږک

пацук

پيشک

кот

موږک

мыш

غویی

вол

سپی

сабака

د سپي خونه

сабачая будка

د باغ هوز

садовы шланг

د اوبو لوخي

палівачка

لور (داس)

каса

يوی

плуг

لور

серп

رمبى

матыка

بڼاخى

вілы для гною

تبر

сякера

كراچى

тачка

ناوه

карыта

د شيدو لوخى

бітон для малака

جوال

мех

كتاره

плот

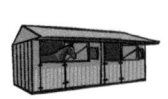

مضبوط

хлеў

شنه خونه

цапліца

خاوره

глеба

تخم

насенне

سره/كود

угнаенне

گـد ريبونكى ماشين

камбайн

زیرمه کول
....
збіраць ураджай

درمند
....
ураджай

خواړه کچالو
....
ямс

غنم
....
пшаніца

سویا
....
соя

کچالو
....
бульба

جوار
....
кукуруза

نباتي تخم
....
рапс

د میوې ونه
....
садовае дрэва

مانیوک
....
маніёк

غله
....
збожжа

کور

дом

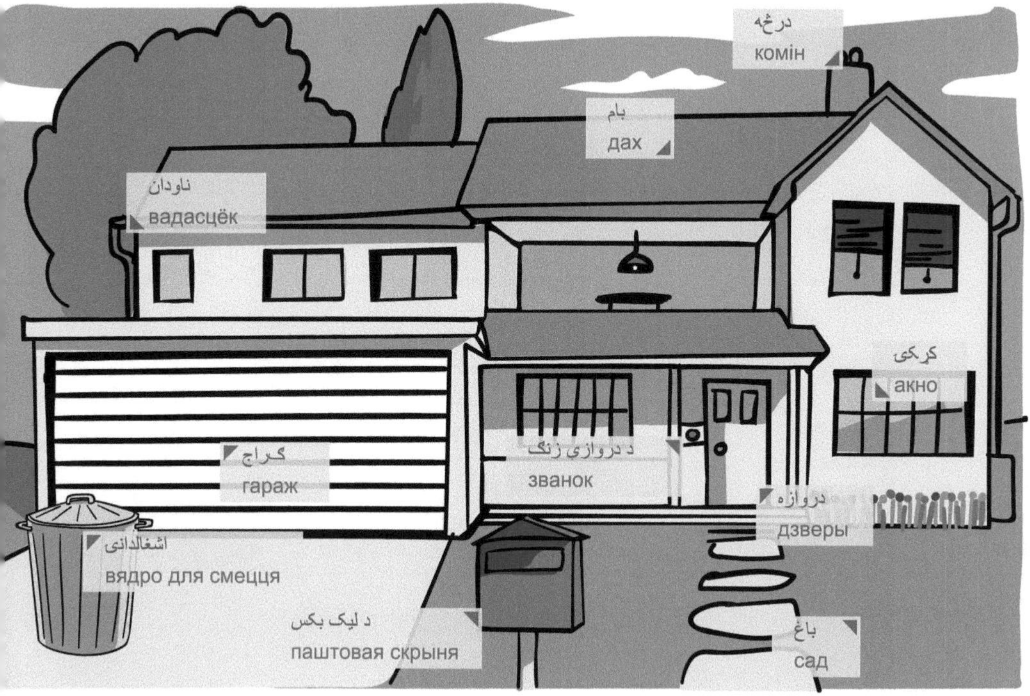

درځه
комін
بام
дах
ناودان
вадасцёк
کړکۍ
акно
ګراج
гараж
د دروازې زنګ
званок
دروازه
дзверы
اشغالدانی
вядро для смецця
د لیک بکس
паштовая скрыня
باغ
сад

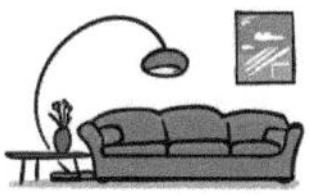

د اوسیدو خونه

жылы пакой

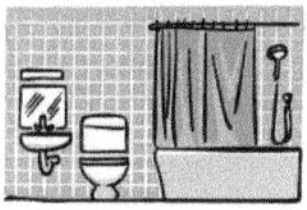

حمام

ванная

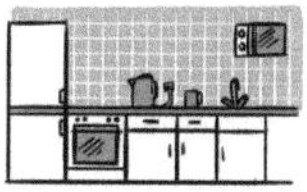

پخلنځی

кухня

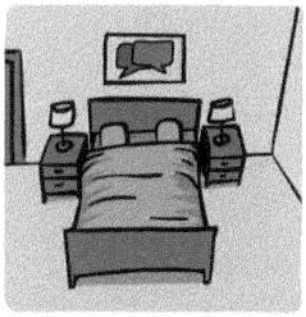

د ویده کیدو خونه

спальны пакой

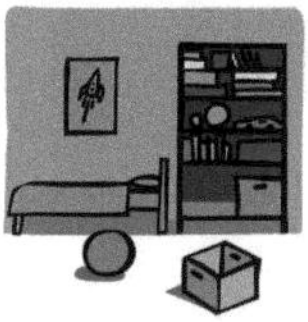

د ماشوم خونه

дзіцячы пакой

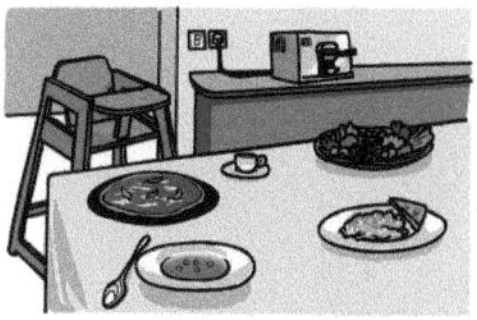

د خواړو خونه

сталоўка

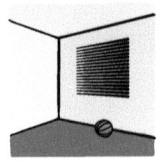

فرش

падлога

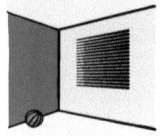

ديوال

сцяна

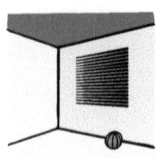

چت

столь

زيرخانه

падвал

سونا

саўна

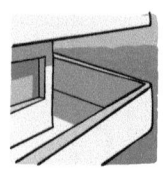

بالكوني

балкон

تراس

тэраса

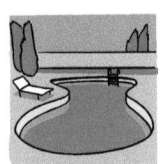

حوض

басейн

د چمن وهلو ماشين

касілка

شيت

падкоўдранік

روجايی

коўдра

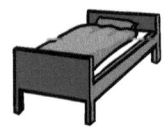

تخت

ложак

جارو

венік

بوكه

вядро

سويچ

выключальнік

د اوسیدو خونه

жылы пакой

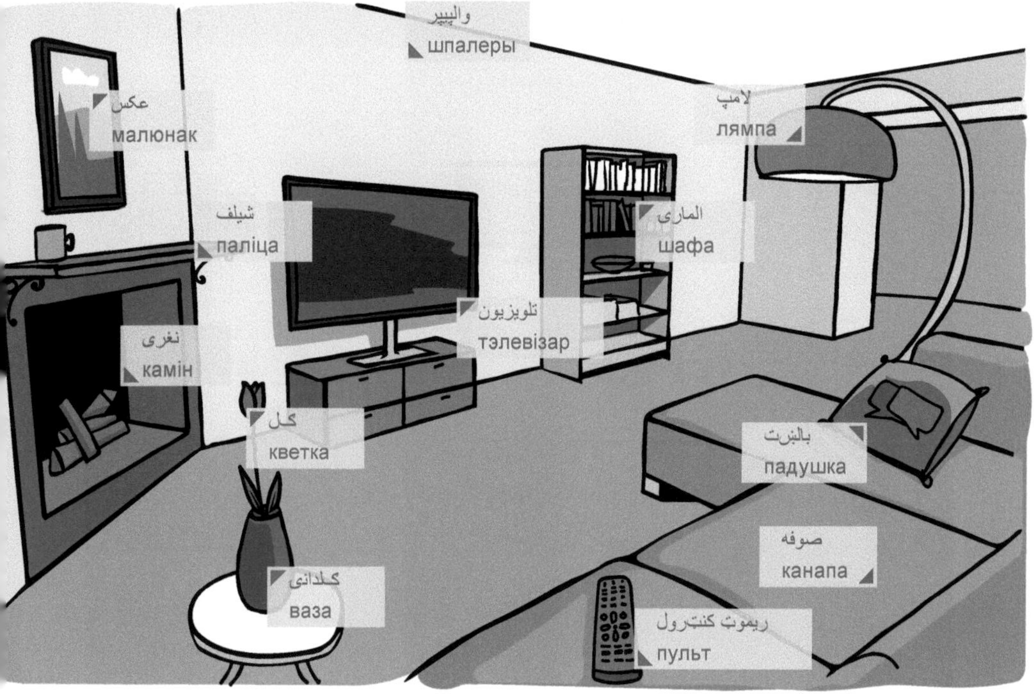

والپیپر
шпалеры
عکس
малюнак
لامپ
лямпа
شیلف
паліца
الماری
шафа
تلویزیون
тэлевізар
نغری
камін
ګل
кветка
بالښت
падушка
صوفه
канапа
ګلدانی
ваза
ریموټ کنټرول
пульт

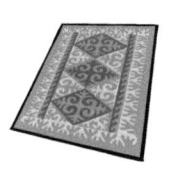

غالی

дыван

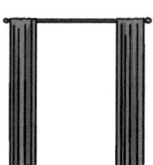

پرده

фіранка

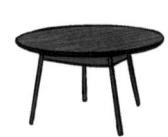

میز

стол

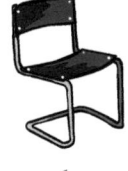

چوکۍ

крэсла

تاویدونکي چوکۍ

крэсла-качалка

بازو لرونکی چوکۍ

крэсла

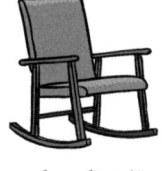

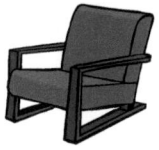

كتاب

кніга

كمپل

коўдра

ديكوريشن

дэкарацыя

د اور لرګي

дровы

فلم

кіно

هايفاى

стэрэасістэма

كلي

ключ

ورځپانه

газета

نقاشي

карціна

پوسټر

постар

راديو

радыё

كتابچه

нататнік

واكيوم جارو

пыласос

كاكتوس

кактус

شمع

свечка

پخلنځی

кухня

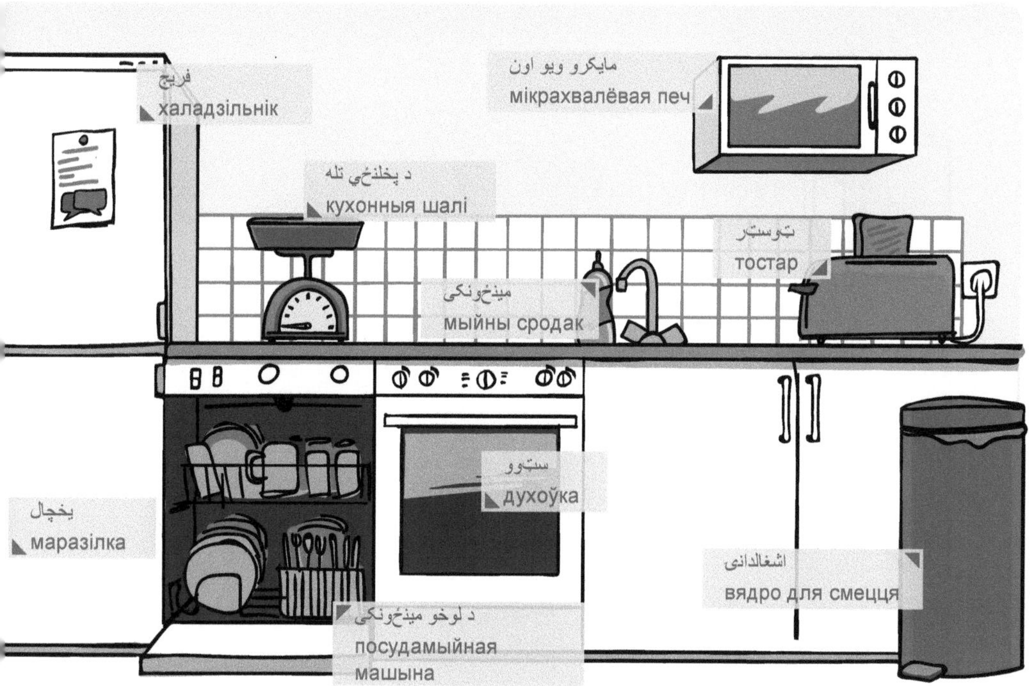

فریج
халадзільнік
مايکرو ويو اون
мікрахвалёвая печ
د پخلنځي تله
кухонныя шалі
ټوسټر
тостар
مینځونکی
мыйны сродак
سټوو
духоўка
يخچال
маразілка
اشغالدانی
вядро для смецця
د لوخو مينځونکی
посудамыйная машына

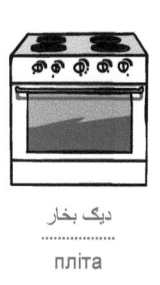

دیگ بخار

пліта

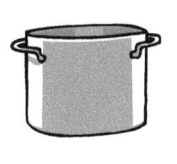

لوخی

рондаль

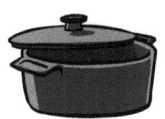

چدني لوخی

чыгунок

ووک

Вок / кадаі

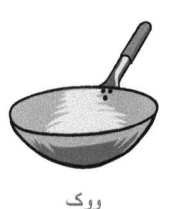

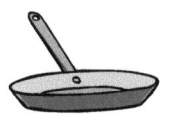

د تلي په

патэльня

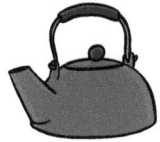

چای جوش

чайнік

د بخار ديگ

پاراورکا

پتنوس

бляха

لوخي

посуд

مگ

кубак

کاسه

міска

د رانيولو اوزار

палачкі для ежы

څمڅۍ

чарпак

کفگير

лапатачка

پاکونکی

збівалка

صافي

сіта для варэння

غلبيل

сіта

گريتر

тарка

اونگ

ступка

بار بي کيو

грыль

خلاص اور

вогнішча

تخته

دوشка

هوارونکی

качалка

کارک سکریو

штопар

تیّم

бляшанка

د تیّم خلاصونکی

адкрывалка

د لوخي تودّته

прыхваткі

ظرف شوی

ракавіна

برس

шчотка

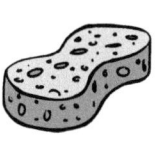

سپنج

губка

بلیندر

міксер

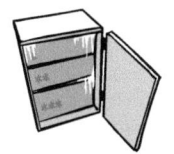

ژور یخچال

маразільная камера

د ماشوم بوتل

бутэлечка

نل

вадаправодны кран

تودول
ручніковы сушыцель

شاور
душ

جان پاک
ручнік

د شاور پرده
штора для душа

بيل حمام
пенная ванна

د حمام تبب
ванна

گــلاس
шклянка

د مينخلو مشين
мыйная машына

ټایلونه
плітка

نل
вадаправодны кран

يو دول کمود
начны гаршчок

ظرف شوی
ракавіна

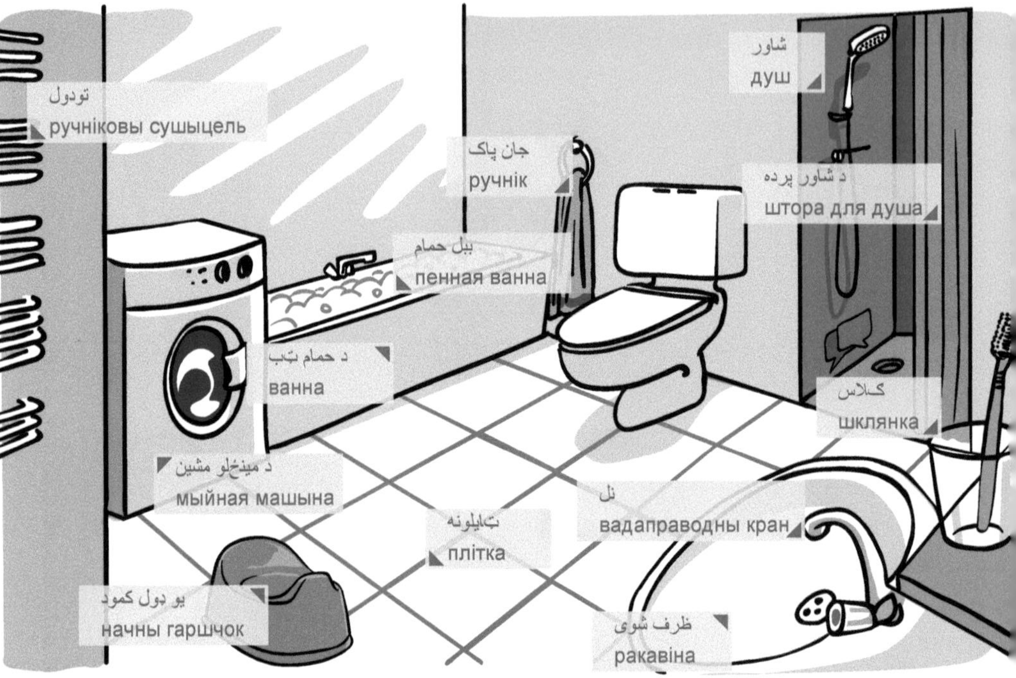

تشناب
туалет

فرشي کمود
падлогавы ўнітаз

کمود
бідэ

د متيازو خای
пісуар

تشناب کاغذ
туалетная папера

د تشناب برس
шчотка для чысткі ўнітаза

د غاښونو برس

زبная шчотка

د غاښونو کریم

зубная паста

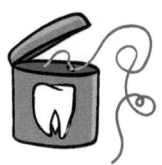

د غاښونو نخ

зубная нітка

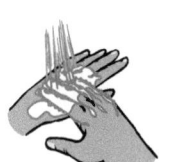

مينځل

мыць

لاسي شاور

ручны душ

دوش

інтымны душ

خانک

умывальнік

د شا برس

шчотка для спіны

صابون

мыла

د شاور ژل

гель для душа

شامپو

шампунь

فلانل جامه

вяхотка

وجول

вадасцёк

کریم

крэм

سپری

дэзадарант

حمام - ванная

39

آینه

لюстэрка

لاسي آینه

касметычнае люстэрка

ریزر

станок для галення

د خریلو فوم

пена для галення

د خریلو وروسته

ласьён пасля галення

ګمنځ

грэбень

برس

шчотка

د ویښتانو وچونکی

фен

د ویښتانو سپری

лак для валасоў

میک اپ

касметыка

لیپ ستیک

памада

د نوکانو پالش

лак для пазногцяў

کاټن وری

вата

ناخن ګیر

манікюрныя нажніцы

عطر

духі

د مينځلو كڅوړه
....
касметычка

سټول
....
табурэтка

د وزن كولو تله
....
вагі

د حمام پوښاك
....
лазневы халат

د ربړ دستكش
....
санітарныя пальчаткі

تامپون
....
тампон

صحيى جان پاك
....
гігіенічныя пракладкі

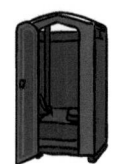

كيميكل تشناب
....
біятуалет

د ماشوم خونه
дзіцячы пакой

د الارم ساعت
будзільнік
د لوبو وسایل
мяккая цацка
د ناڅکي موټر
цацачная машынка
ریټل
бразготка
د ناڅکو خونه
лялечны домік
ډالۍ
падарунак

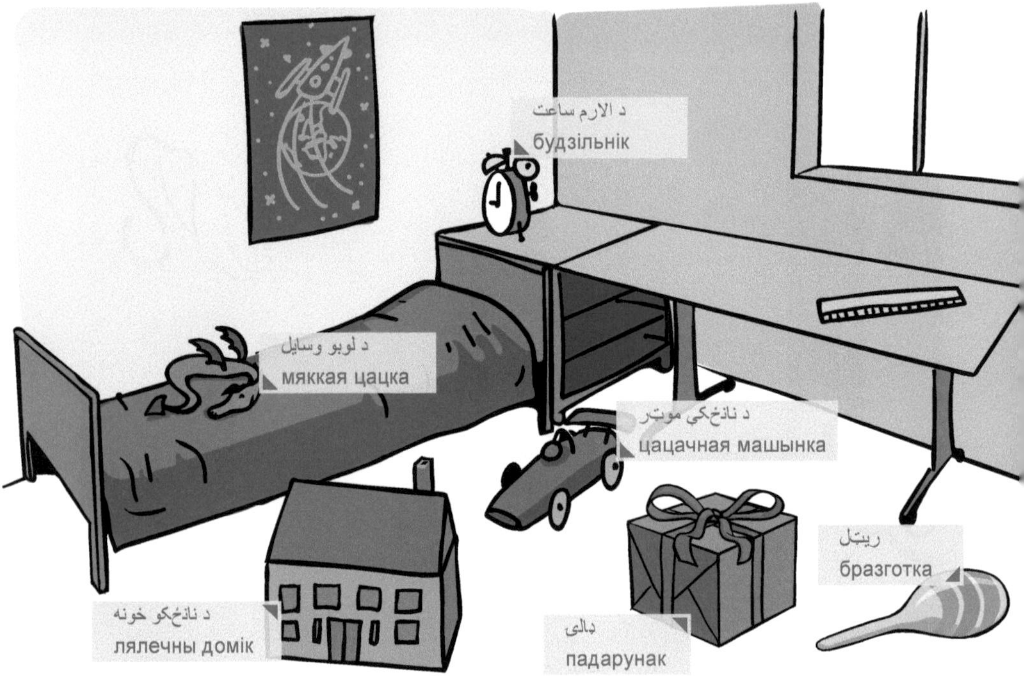

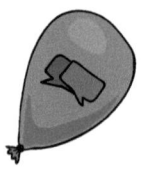

بالون
надзіманы шарык

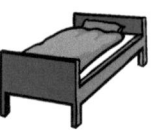

تخت
ложак

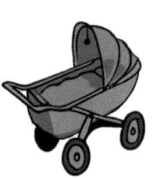

کالسکه
дзіцячая каляска

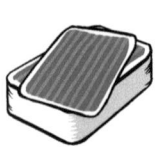

د لوبو ورقي
калода картаў

جیګسا
пазл

SUPER MEGA

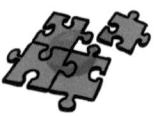

مسخره
комікс

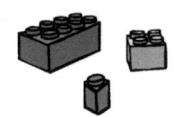

لیګو بریک

کانструктар "Лега"

د نادنخکو بلاک

кансtruктар

د اکشن فیګور

экшэн-фігурка

د ماشوم پوښاک

дзіцячы гарнітур

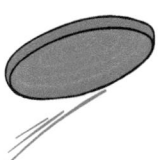

فریزبي

фрызбі

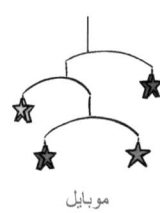

موبایل

дзіцячы мабіль

بورد لوبه

настольная гульня

تاس

кубік

مادل ریل سیت

дзіцячая чыгунка

ګونګشی

пустышка

پارتي

дзіцячае свята

د عکسونو البوم

кніга з малюнкамі

بال

мячык

نادنخکه

лялька

لوبیدل

гуляцца

د شگو کنده
....
пясочніца

سوينگ
....
арэлі

نازخکی
....
цацкі

د ويديو لوبو کنسول
....
гульнявая відэа прыстаўка

نترای سايکل
....
трохколавы ровар

گوډکه
....
плюшавы мішка

د کالو الماری
....
шафа

адзенне

جرابی
....
шкарпэткі

لوری جرابی
....
панчохі

تایتس
....
калготкі

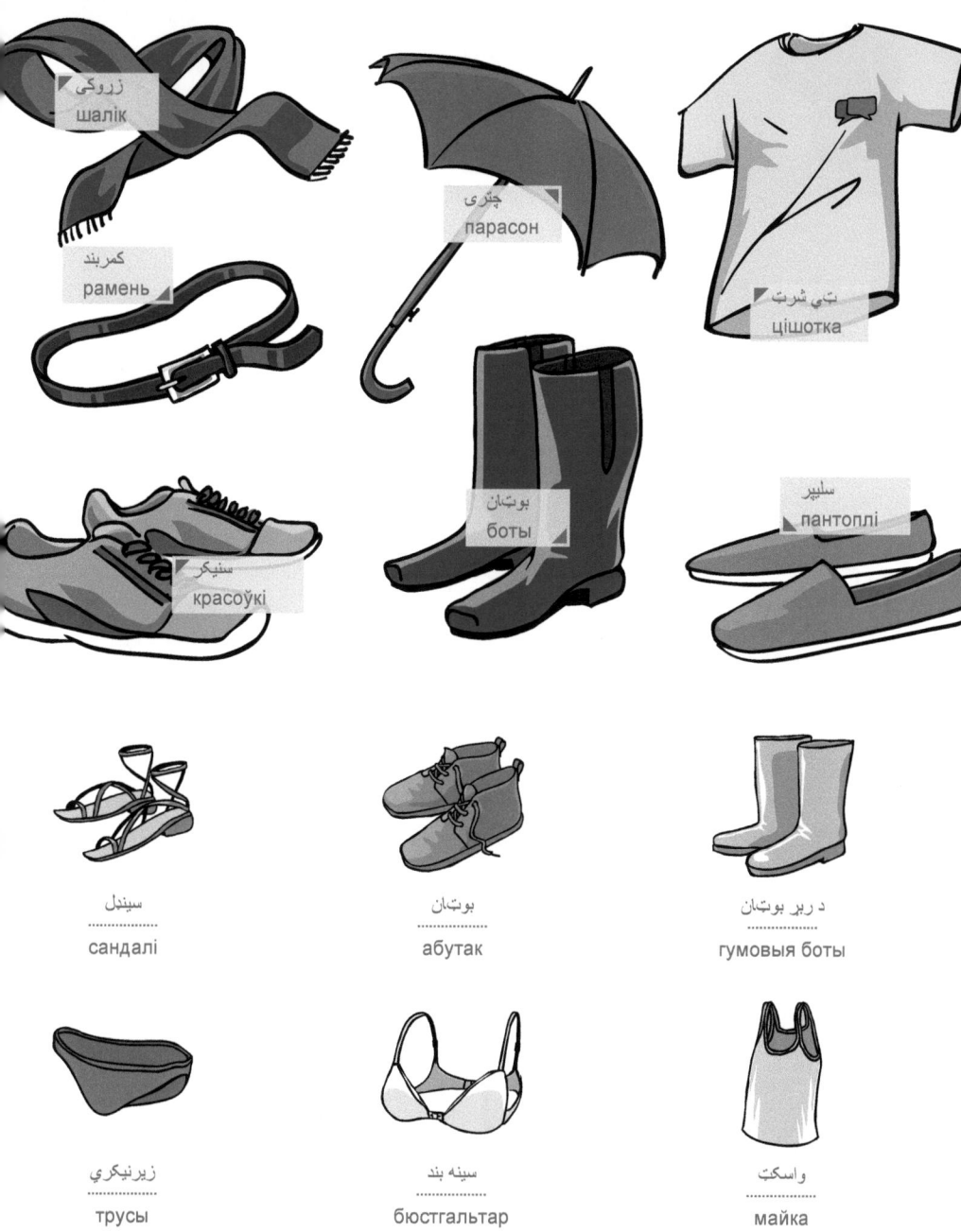

زروکی
шалік

چترى
парасон

کمربند
рамень

تي شرت
цішотка

بوتان
боты

سلیپر
пантоплі

سنیکر
красоўкі

سیندل
сандалі

بوتان
абутак

د ربر بوتان
гумовыя боты

زیرنیکري
трусы

سینه بند
бюстгальтар

واسکت
майка

بادي

بودزي

پتلون

штаны

جينز

джынсы

لمن

спадніца

بلاوز

блузка

شرت

кашуля

بنيان

джэмпер

سويتر

талстоўка

بليزر

блэйзер

جاكت

куртка

كوت

паліто

د باران كوت

дажджавік

پوشاك

касцюм

كالي

сукенка

د واده پوشاك

вясельная сукенка

پوشاك - адзенне

دريشي

касцюм

د شپې پوښاک

начная сарочка

پاجامه

піжама

ساري

сары

لوپټه

хустка

پتکی

цюрбан

برقه

паранджа

کفتن

каптан

عبا

Абая

د لامبو پوښاک

купальнік

نيکر

плаўкі

شارت

шорты

د خُغاستي پوښاک

спартыўны касцюм

پيش بند

фартух

دستکش

пальчаткі

بتن

گۇزىك

عینک

акуляры

لاس بند

бранзалет

غاره کی

каралі

کوتمه

кальцо

غوږوالی

завушніца

خولی

кепка

کوټ بند

вешалка

خولی

капялюш

ټایبی

гальштук

زنځیر

маланка

هیلمیټ

шлем

ترونکی

падцяжкі

د ښوونځي یونیفارم

школьная форма

یونیفارم

уніформа

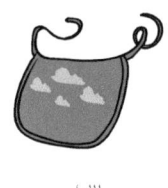

بيب

нагруднік

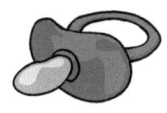

ګونګشی

пустышка

نيپي

падгузнік

دفتر

офіс

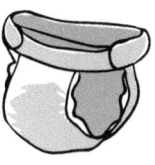

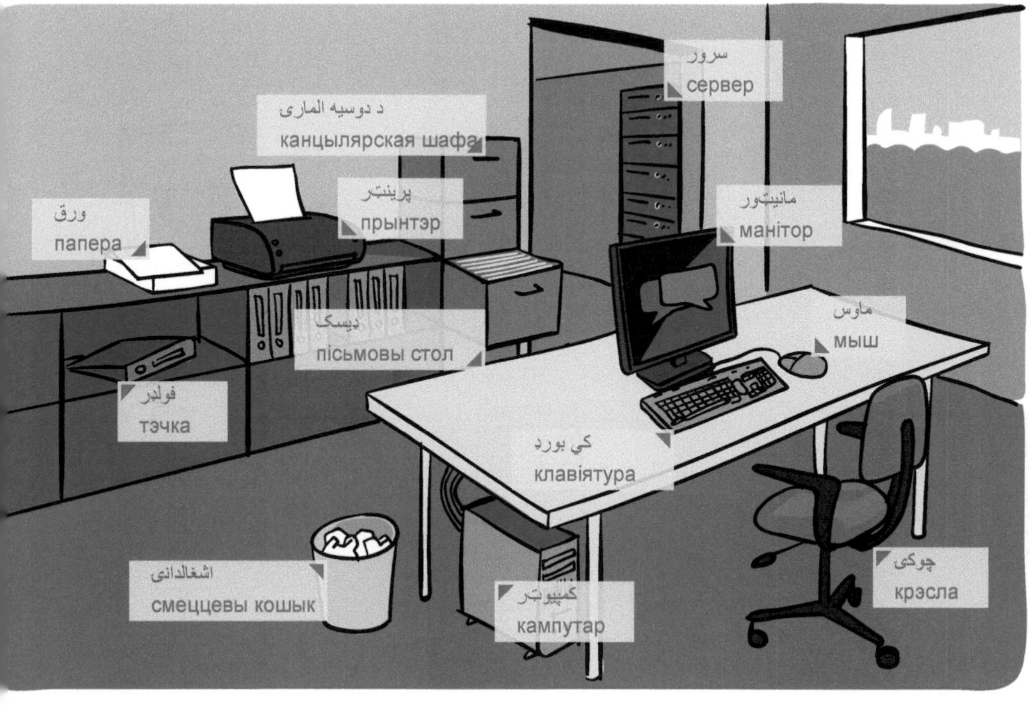

سرور
сервер
د دوسيه الماری
канцылярская шафа
پرينټر
прынтэр
ورق
папера
مانيټور
манітор
ماوس
мыш
ډيسک
пісьмовы стол
فولډر
тэчка
کي بورډ
клавіятура
اشغالدانی
смеццевы кошык
کمپيوټر
кампутар
چوکۍ
крэсла

د کافي پياله

убак для кавы (філіжанка)

کالکوليټر

калькулятар

انټرنيټ

інтэрнэт

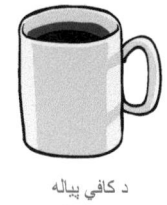

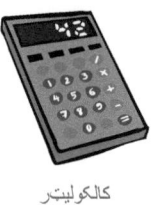

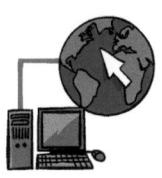

لپ تاپ

ноўтбук

لیک

ліст

پیغام

паведамленне

موبایل

мабільны тэлефон

نیتورک

сетка

فوتوکاپیر

ксеракс

سافتویر

праграмнае забеспячэнне

تلیفون

тэлефон

پلک ساکت

разетка

فکس مشین

факс

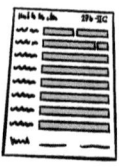

فارم

фармуляр

سند

дакумент

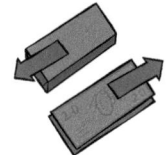

پيرل
....
купляць

تاديه كول
....
плаціць

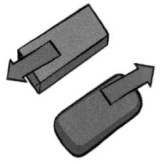

سوداگري كول
....
гандляваць

پيسي
....
грошы

USD

ډالر
....
долар

EUR

يورو
....
еўра

JPY

ين
....
ена

RUB

ربل
....
рубель

CHF

سويسي فرانک
....
франк

CNY

رينمينبي يوان
....
кітайскі юань

INR

روپی
....
рупія

د نغدي پيسو څای
....
банкамат

د اسعارو د تبادلی دفتر

абменны пункт

سره زر

золата

سپین زر

срэбра

تیل

нафта

انرژي

энергія

نرخ

цана

قرارداد

кантракт

مالیه

падатак

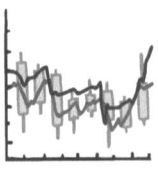

اسهام

акцыя

کار کول

працаваць

کارمند

служачы

کار کـومارونکی

працадаўца

فابریکه

фабрыка

پلورنځی

крама

مسلکونه

прафесіі

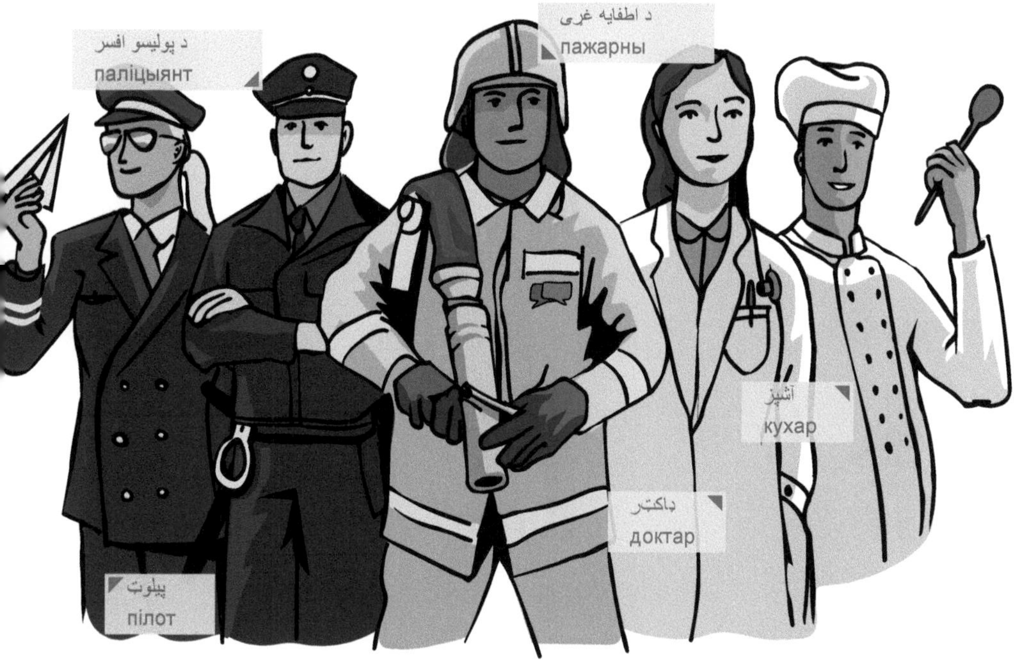
د پولیسو افسر
паліцыянт
د اطفایه غرۍ
пажарны
آشپز
кухар
ډاکټر
доктар
پیلوټ
пілот

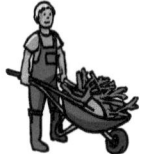

باغوان

садоўнік

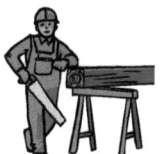

نجار

слесар

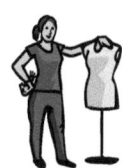

خیاط

швачка

قاضي

суддзя

کیمیا پوه

хімік

د فلم لوبغاړی

артыст

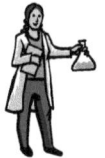

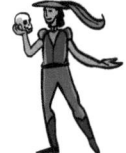

د بس درايور

کيروؤّتسا اؤتوبوسا

کيроٷца аўтобуса

د ټيکسي درايور

таксіст

کب نيونکی

рыбак

خدمه

прыбіральшчыца

بام جوړونکی

страхар

پيشخدمت

афіцыянт

ښکاري

паляўнічы

نقاش

мастак

نانوا

пекар

د برښنا کارکونکی

электрык

تعمير جوړونکی

будаўнік

انجينر

інжынер

قصاب

мяснік

نلدوان

сантэхнік

پوست رسونکی

пашталён

سرتيرى

салдат

مهندس

архітэктар

صراف

касір

ماليار

фларыст

نايى

цырульнік

كليندر

кандуктар

ميكانيک

механік

كپتان

капітан

د غابڼ ونو ډاكتر

стаматолаг

ساينس پوه

вучоны

بشاغلى

рабін

امام

імам

مذهبي نفر

манах

پادري

святар

لوازم

інструменты

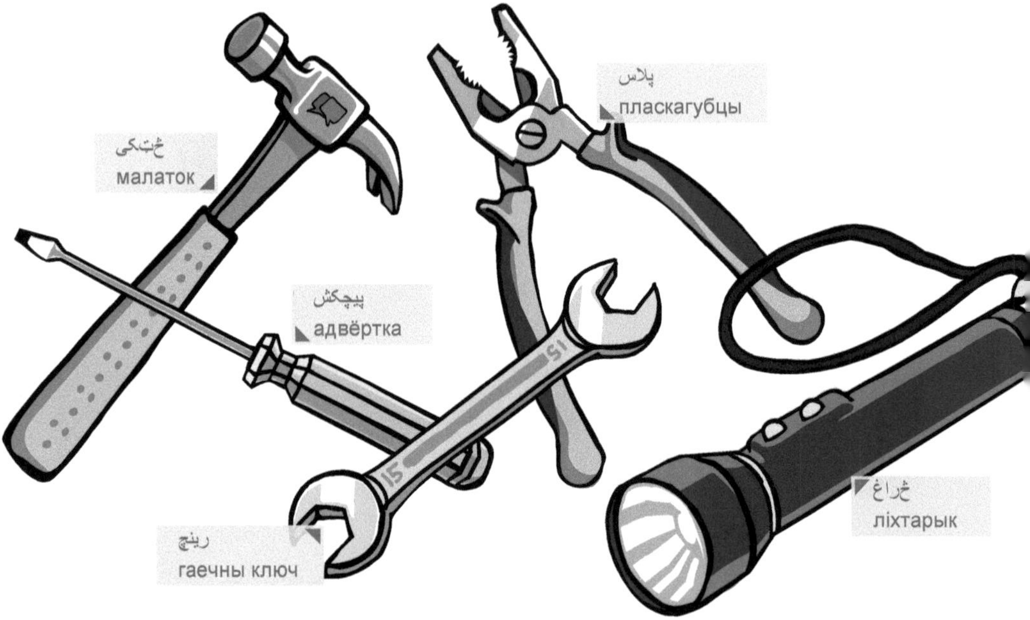

څټکی
малаток
پلاس
пласкагубцы
پیچکش
адвёртка
رینچ
гаечны ключ
څراغ
ліхтарык

کنستونکی

экскаватар

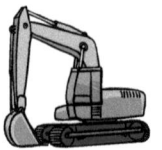

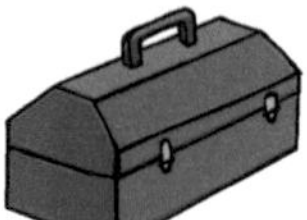

د لوازمو بکس

скрыня для інструментаў

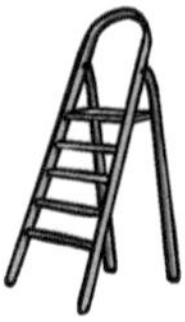

زینه

дравіны

اره

піла

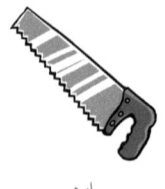

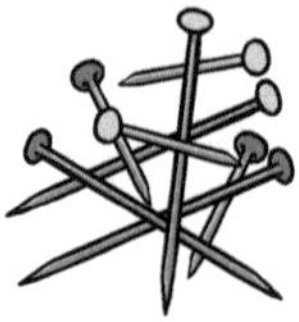

میخونه

цвікі

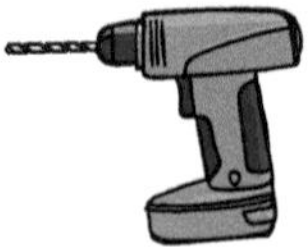

برمه

дрыль

تر میم کول

رامantaваць

بیل

рыдлеўка

لعنت!

Халера!

خاک انداز

шуфлік для смецця

مشوانی

вядро з фарбаю

پیچونه

балты

د میوزیک آلات

музычныя інструменты

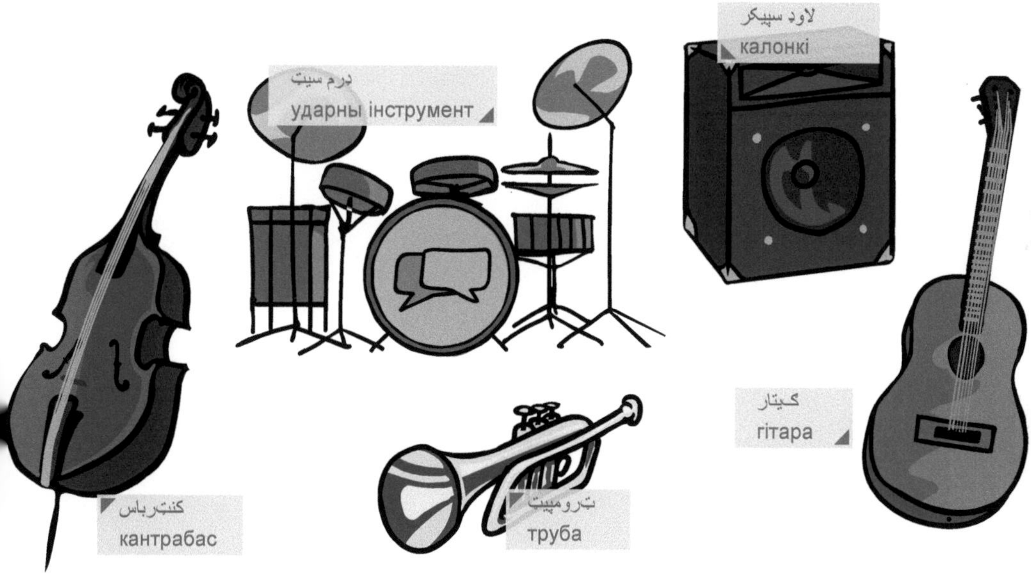

درم سیت
ударны інструмент

لاود سپیکر
калонкі

کنترباس
кантрабас

ترومپیت
труба

گیتار
гітара

پیانو

піяніна

وایلن

скрыпка

باس

басгітара

نغاره

літаўры

درمونه

барабан

کي بورد

клавішны электрамузычны
інструмент

سیکسافون

саксафон

شپیلی

флейта

مایکروفون

мікрафон

پرانگ
تیگر
تیگر

پنجره
клетка

کوره خر
зебра

د ژویر خواره
корм для жывёл

کانتو لاره
уваход

پانڈا
панда

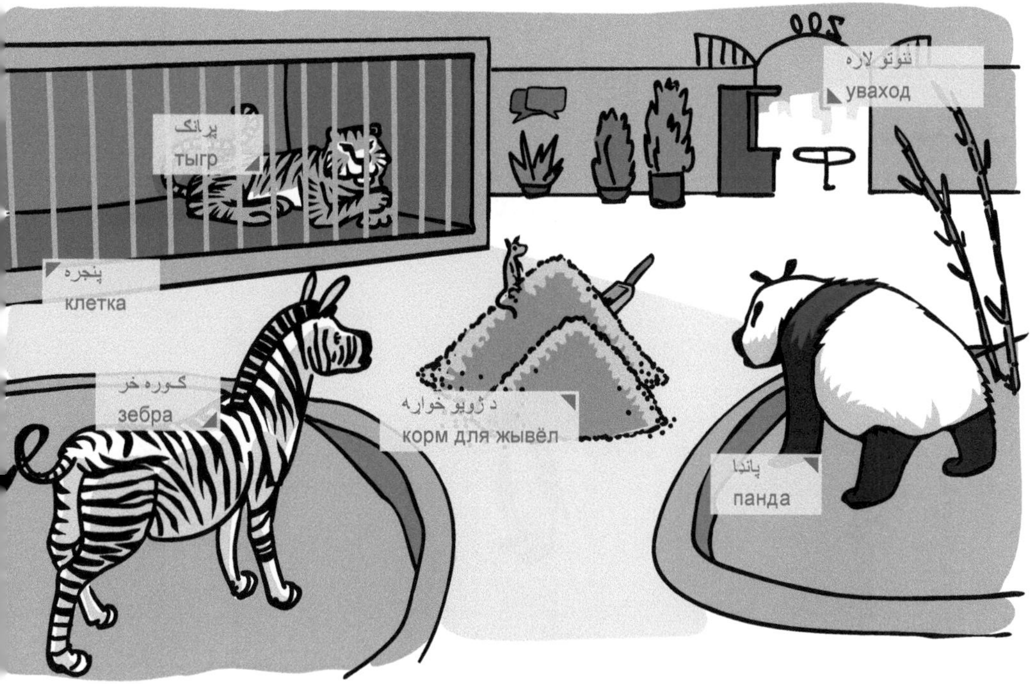

ژوی
жывёлы

هاتي
слон

کانگرو
кенгуру

د اوبو اسپ
насарог

گوریلا
гарыла

ایرہ
мядзведзь

اوبښ

вярблюд

شترمرغ

стравус

زمری

леў

بيزو

малпа

غزی

фламінга

طوطي

папугай

قطبي ايرھ

белы мядзведзь

پينگوين

пінгвін

شارک

акула

طاوس

паўлін

مار

змяя

تمساح

кракадзіл

ژوبن ساتونکی

наглядчык заапарка

سيل

цюлень

جگوار

ягуар

يابو
....
поні

پرانگ
....
леапард

هيپو
....
бегемот

زرافه
....
жыраф

باز
....
арол

نرخوگ
....
дзік

كب
....
рыбак

شمشتى
....
чарапаха

سمندري نولى
....
морж

كيدره
....
ліса

هوسى
....
газель

امریکایی فټبال
амерыканскі футбол

سایکل چلغول
веласпорт

تېنیس
тэніс

باسکېتبال
баскетбол

لامبو
плаванне

باکسینگ
бокс

د کنګل هاکي
хакей з шайбай

فټبال
....
футбол

کسیزه
....
бадмінтон

د ځغاستي لوبى
....
лёгкая атлетыка

د هندبال
....
гандбол

سکي
....
горныя лыжы

پولو
....
пола

فعالیتونه
дзейнасць

ټوپ وهل
скакаць
غاړه ورکول
абдымацць
خندل
смяяцца
سندري ويل
спяваць
ګرځیدل
ісці
خوب ليدل
марыць
عبادت کول
маліцца
مچو کول
цалаваць

ليکل

пісаць

کښل

маляваць

ښودل

паказваць

ټيله کول

націснуць

ورکول

даваць

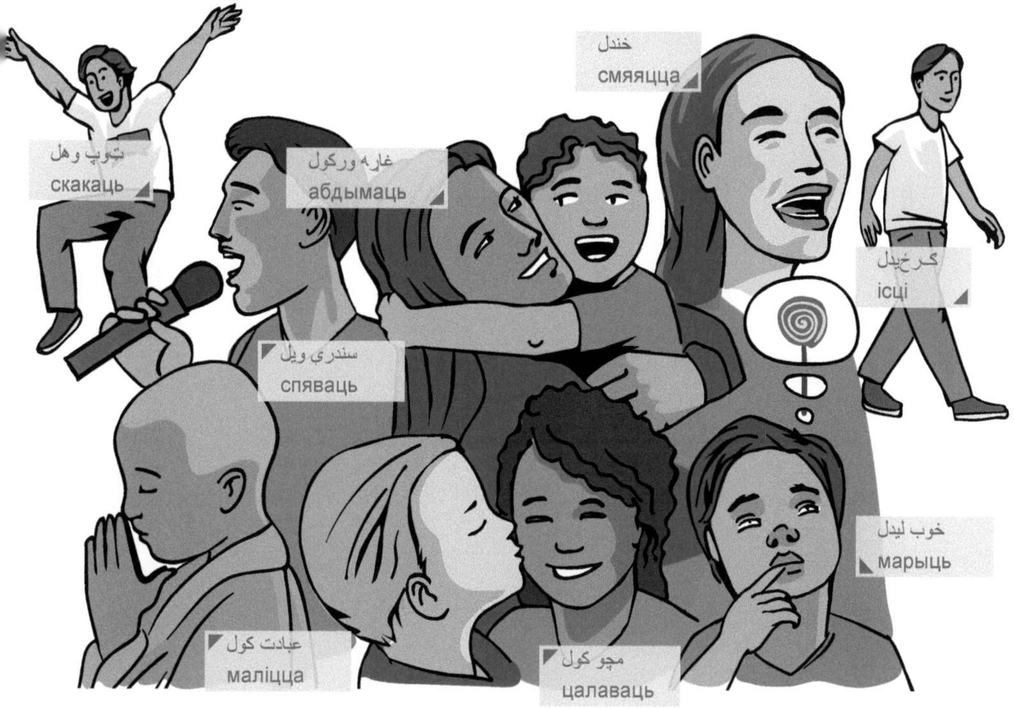

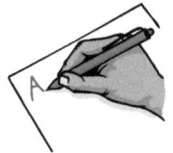

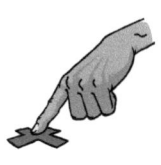

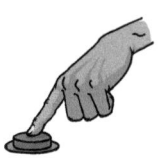

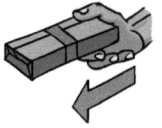

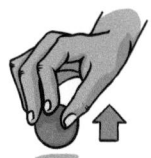

اخيستل

браць

درلودل

ماць

کول

выконваць

پاییدل

быць

ودریدل

стаяць

مندی وهل

бегчы

راکښل

цягнуць

ګوزارل

кідаць

لویدل

падаць

څملاستل

ляжаць

انتظار کول

чакаць

ورل

насіць

کښېناستل

сядзець

پویښاک اغوستل

апранацца

ویده کیدل

спаць

پاڅیدل

прачынацца

كتل

глядзець

ژرل

плакаць

بريد كول

лашчыць

گمنخ كول

прычэсвацца

خبري كول

гаварыць

پوهيدل

разумець

غوښتل

пытаць

اوريدل

чуць

څښل

піць

خورل

есці

پاكول

прыбіраць

مينه كول

кахаць

پخلى كول

гатаваць

موټر چلول

ехаць

الوتل

лятаць

بېرۍ چلول

плаваць пад ветразем

حساب

лічыць

لوستل

чытаць

زده کول

вучыць

کار کول

працаваць

واده کول

уступаць у шлюб

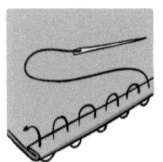

ګنډل

шыць

د غاښونو برس کول

чысціць зубы

وژل

забіваць

سګرټ څکل

курыць

لیږل

пасылаць

کورنۍ

сям'я

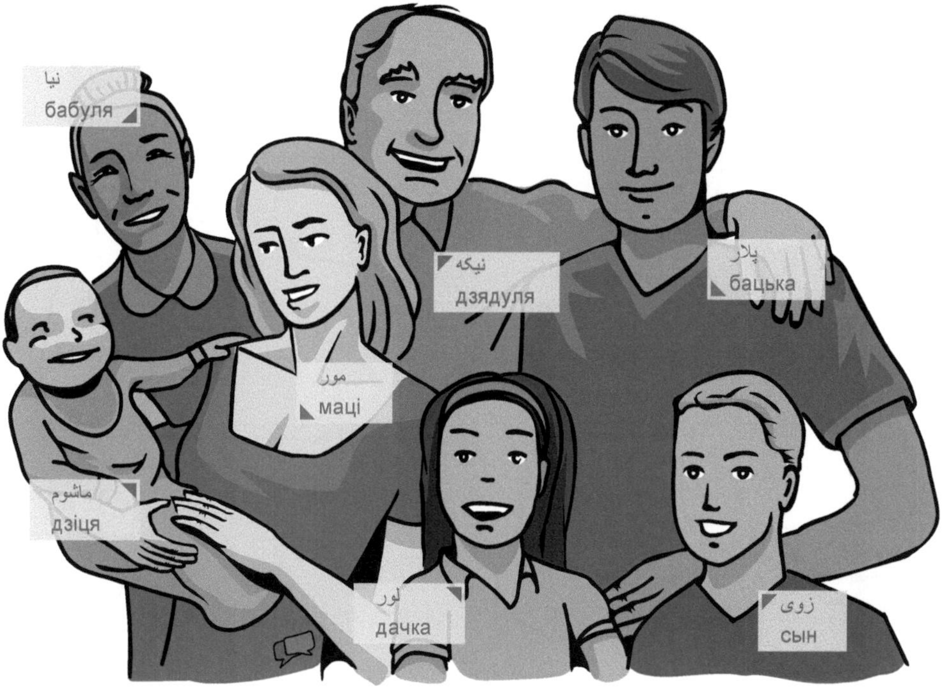

نیا
бабуля
نیکه
дзядуля
پلار
бацька
مور
маці
ماشوم
дзіця
لور
дачка
زوی
сын

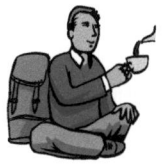

میلمه
госць

ترور
цётка

کاکا/ماما
дзядзька

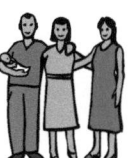

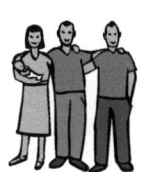

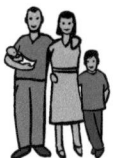

ورور
брат

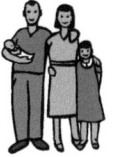

خور
сястра

بدن

цела

تندی
лоб
سترګې
вока
اوږه
плячо
ګوته
палец
مخ
твар
زنه
падбародак
لاس
рука
پښه
нага
سینه
грудзі
مټ
рука

ماشوم

дзіця

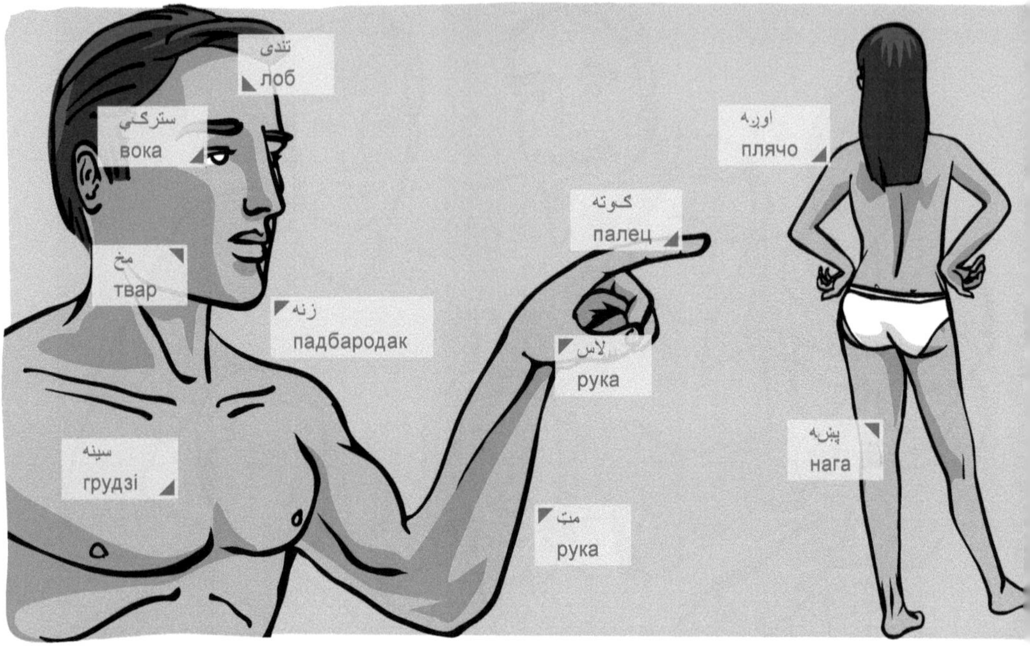

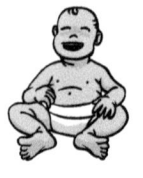

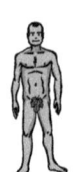

سړی

мужчына

ښځه

жанчына

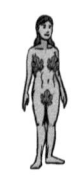

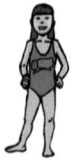

انجلۍ

дзяўчынка

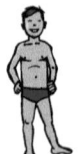

هلک

хлопчык

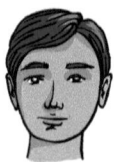

سر

галава

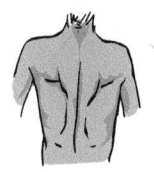

شاa

спіна

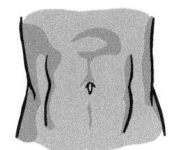

خيّته

жывот

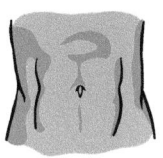

نوم

пуп

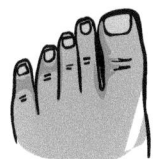

د پښي ګوته

палец нагі

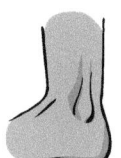

پونده

пятка

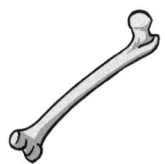

هډوکی

костка

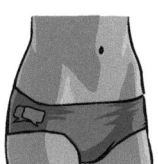

کوناتی

бядро

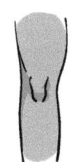

زنګون

калена

څنګل

локаць

پوزه

нос

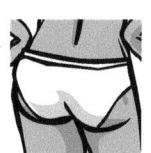

لاندي برخه

ягадзіца

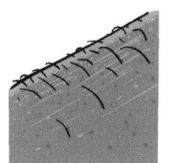

پوتکی

скура

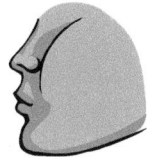

غومبوری

шчака

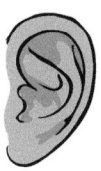

غوږ

вуха

شونده

губа

خوله

رот

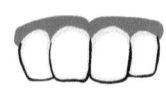

غاښ

зуб

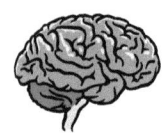

مغز

галаўны мозг

زړه

сэрца

عضله

мышца

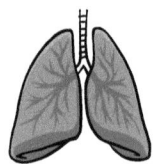

سږی

лёгкае

ځيګر

пячонка

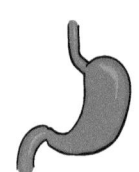

معده

страўнік

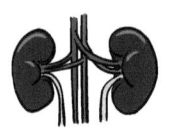

پښتورګي

ныркі

جنسي نږدي والی

сэкс

كاندوم

прэзерватыў

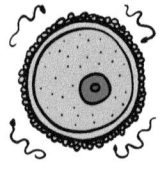

تخمه

яйцаклетка

مني

сперма

حمل

цяжарнасць

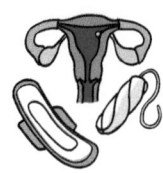

حيض
....
менструацыя

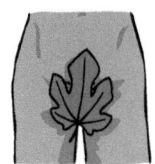

مهبل
....
похва

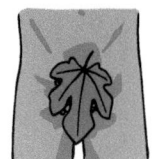

د نارينه تناسلي آله
....
пеніс

وروځی
....
брыво

ويښته
....
валасы

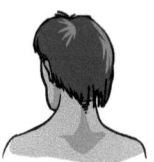

غاړه
....
шыя

روغتون
шпіталь

روغتون
шпіталь
امبولانس
машына хуткай дапамогі
ویل چیر
інваліднае крэсла
کسر
пералом

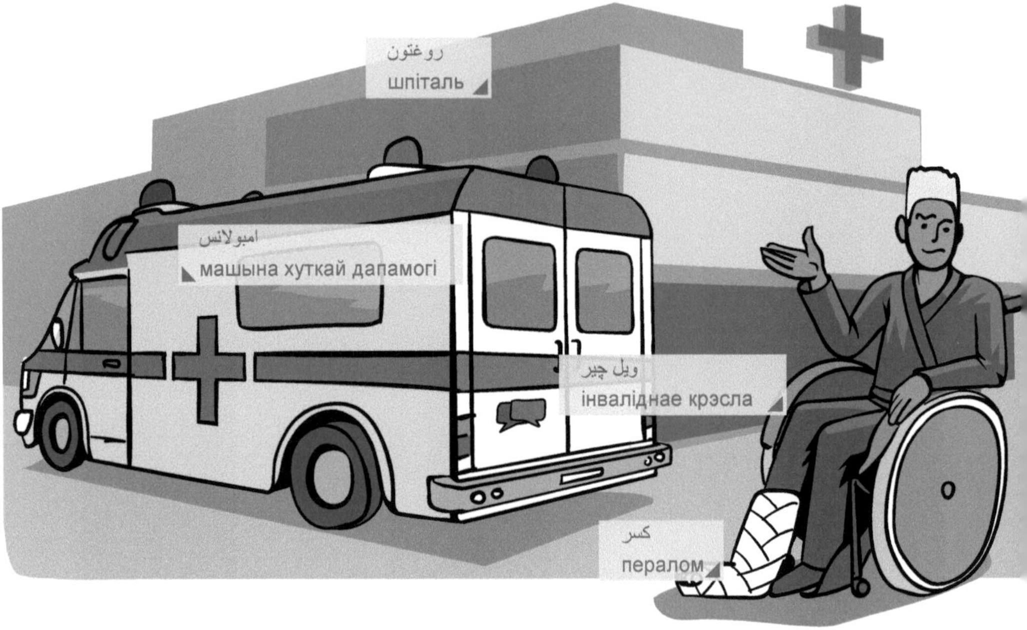

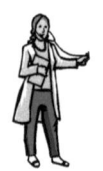

داکتر

доктар

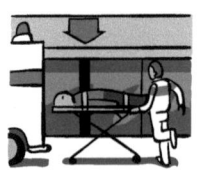

عاجل خونه

аддзяленне першай дапамогі

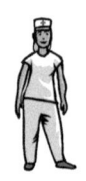

رنځورپال

медсястра

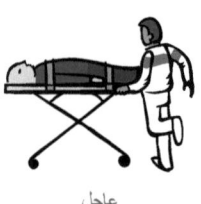

عاجل

экстраная дапамога

بي هوش

непрытомны

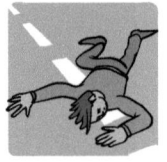

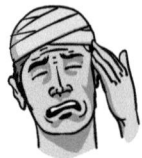

درد

боль

پټ

траўма

وينه توبدل

крывацёк

د زړه حمله

інфаркт

ضرب

апаплексія

حساسيت

алергія

ټوخی

кашаль

تبه

гарачка

انفلوينزا

грып

نس ناستی

панос

سر درد

галаўны боль

سرطان

рак

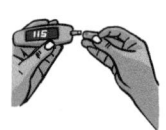

شکر

дыябет

جراح

хірург

سکالپل

скальпель

عمليات

аперацыя

سيۆتي

KT

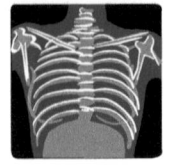

ایکس ری

рэнтген

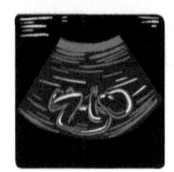

التراساوند

ультрагук

د مخ ماسک

маска

ناروغي

хвароба

انتظار خونه

пачакальня

امساآ

мыліца

پلستر

пластыр

بنداژ

бінт

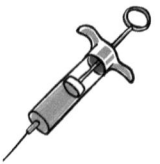

تزریق

ін'екцыя

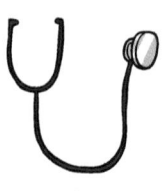

ستاتسکوپ

стэтаскоп

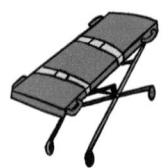

تسکیره

насілкі

کلینکي ترماميتر

градуснік

زيږون

нараджэнне

زيات وزن

лішняя вага

د اوريدو مرسته

слухавы апарат

د عفونيت څخه پاکونكي مواد

дэзінфекцыйны сродак

عفونيت

інфекцыя

ويروس

вірус

ایچ.آی.وی/ایدز

ВІЧ/СНІД

درمل

лекі

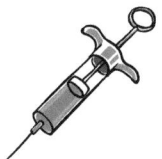

واكسين

прышчэпка

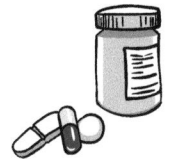

تابليټس

таблеткі

كولۍ

супрацьзачаткавая
таблетка

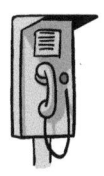

عاجل تليفون

экстраны выклік

د ويني د فشار څارونكی

танометр

ناروغ/روغ

хворы / здаровы

مرسته!

Ратуйце!

الارم

сігналізацыя

يرغل

напад

بريد

атака

خطر

небяспека

عاجل لاره

аварыйны выхад

اور!

Пажар!

د اور وژونکی

вогнетушыцель

پيښه

аварыя

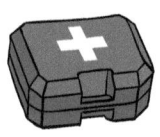

د لومړی مرستي لوازم

аптэчка

ايس.او.ايس

СОС

پوليس

паліцыя

اروپا

Еўропа

شمالي امریکا

Паўночная Амерыка

سهیلي امریکا

Паўднёвая Амерыка

افریقا

Афрыка

آسیا

Азія

آسټریلیا

Аўстралія

اتلانتیک

Атлантычны акіян

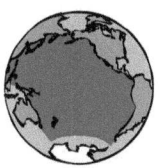

پاسیفیک

Ціхі акіян

د هند بحر

Індыйскі акіян

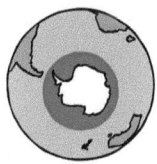

جنوبي منجمد بحر

Паўднёвы ледавіты акіян

د شمال قطب بحر

Паўночны ледавіты акіян

شمالي قطب

Паўночны полюс

سهیلی قطب

Паўднёвы полюс

انتـارکتـیکا

Антарктыда

خُمکه

Зямля

خُمکه

краіна

بحر

мора

نټـاپو

востраў

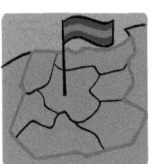

ملت

нацыя

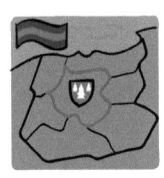

دولت

дзяржава

١

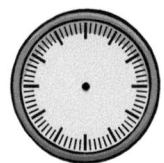

د مخي ساعت

цыфэрблат

د ساعت ستنه

гадзінная стрэлка

د دقيقي ستنه

хвілінная стрэлка

د ثانيي ستنه

секундная стрэлка

څه وخت دى؟

Колькі часу?

ورځ

дзень

وخت

час

اوس

зараз

ډيجيټل ساعت

электронны гадзіннік

دقيقه

хвіліна

ساعت

гадзіна

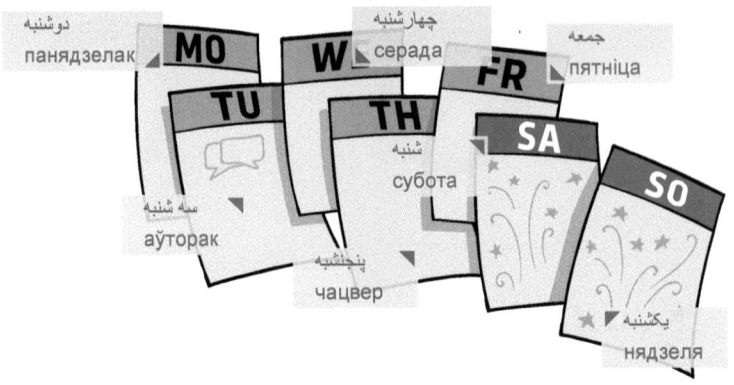

دوشنبه
پانядзелак

چهارشنبه
серада

جمعه
пятніца

سه شنبه
аўторак

پنجشنبه
чацвер

شنبه
субота

یکشنبه
нядзеля

پرون
ўчора

نن
сёння

سبا
заўтра

سهار
раніца

غرمه
абед

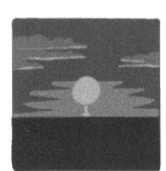

ماښام
вечар

كاري ورځي
працоўныя дні

د اونۍ پای
выхадныя

باران
▶ дождж

رنگین کمان
▶ вяселка

باد
вецер

واوره
снег

پسرلی
вясна

اوړی
лета

منی
восень

ژمی
зіма

4.APRIL	11°	
5.APRIL	4°	
6.APRIL	13°	
7.APRIL	8°	
8.APRIL	10°	

د موسم وراندوینه

прагноз надвор'я

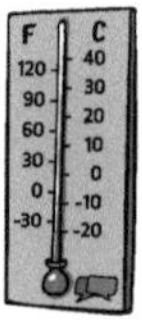

ترمومیتر

градуснік

د لمر ورانگي

сонечнае святло

وریخ

воблака

لره

туман

رطوبت

вільготнасць паветра

رپنا
....
маланка

تندر
....
гром

توفان
....
бура

ژلی وریدل
....
град

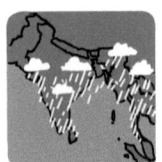

مون سون باران
....
мусонны вецер

سیلاب
....
прыліў

یخ
....
лёд

جنوري
....
студзень

فبروري
....
люты

مارچ
....
сакавік

اپرېل
....
красавік

مې
....
май

جون
....
чэрвень

جولای
....
ліпень

اګست
....
жнівень

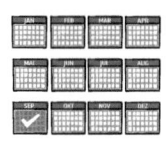

سبتمبر
....
верасень

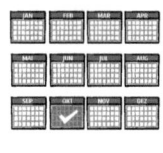

اكتوبر
....
кастрычнік

نوومبر
....
лістапад

دسمبر
....
снежань

формы

دايره
....
круг

مربع
....
квадрат

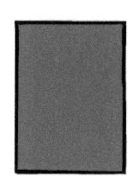

مستطيل
....
прамавугольнік

مثلث
....
трохвугольнік

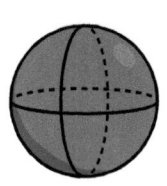

توپ
....
шар

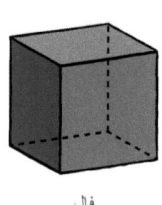

فال
....
куб

سپين
....
белы

ژير
....
жоўты

نارنجي
....
аранжавы

ګلابي
....
ружовы

سور
....
чырвоны

ارغواني
....
фіялетавы

نيلي
....
сіні

شين
....
зялёны

نسواري
....
карычневы

خر
....
шэры

تور
....
чорны

خورا ډير/خورا لږ

شمат / мала

قار/ارام

злы / добры

ښکليى/بدششکله

прыгожы / брыдкі

پيل/پای

пачатак / канец

لوى/کوچنى

высокі / малы

روبښانه/تياره

светлы / цёмны

ورور/خور

сястра / брат

پاک/ککر

чысты / брудны

مکمل/نامکمل

поўны / няпоўны

ورځ/شپه

дзень / ноч

مر/ژوندی

мёртвы / жывы

پراخه/نری

шырокі / вузкі

د خوراک ور/نه خورل کیدونکی

ядомы / неядомы

بد/مهربان

злы / добры

پاریدلی/بی خونده

узбуджаны / нудны

چاق/وچ

тоўсты / тонкі

لومړی/اوروستی

першы / апошні

ملګری/دښمن

сябар / вораг

ډک/تش

поўны / пусты

سخت/نرم

цвёрды / мяккі

دروند/سپک

важкі / лёгкі

لوږه/تنده

голад / смага

ناروغ/روغ

хворы / здаровы

غیرقانونی/قانونی

нелегальны / легальны

هوښیار/ساده

разумны / дурны

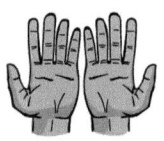

کیڼ/ښیی

левы / правы

نیردې/لری

побач / далёка

نو/پازور

новы / былы ва ўжыванні

هيڅ/ايوڅه

нічога / нешта

بوډا/ځوان

стары / малады

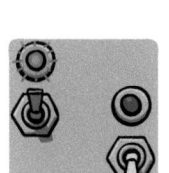

چالا/بند

укл / выкл

خلاص/ترلى

адчынены / зачынены

غلى/لور غږ

ціхі / гучны

بډايه/غريب

багаты / бедны

صحيد/غلط

правільна / няправільна

زير/ملايم

шурпаты / гладкі

خفه/خوښ

сумны / шчаслівы

لنډ/اورد

кароткі / доўгі

سست/ګرندى

павольны / хуткі

لوند/وچ

вільготны / сухі

ګرم/يخ

цёплы / халаднаваты

جګړه/سوله

вайна / мір

لічбы

0 صفر نуль	**1** يو адзін	**2** دوه два
3 دري тры	**4** څلور чатыры	**5** پنځه пяць
6 شپږ шэсць	**7** اوه сем	**8** اته восем
9 نهه дзевяць	**10** لس дзесяць	**11** يولس адзінаццаць

12
سلود

дванаццаць

13
سلاريد

трынаццаць

14
سلاورخ

чатырнаццаць

15
سلخنپ

пятнаццаць

16
سرابش

шаснаццаць

17
سلوو

сямнаццаць

18
سلتا

васямнаццаць

19
سلون

дзевятнаццаць

20
لش

дваццаць

100
لس

сто

1.000
رز

тысяча

1.000.000
ميليون

мільён

انگلسي

английская

امريكايى انگلسي

англійская (Амерыка)

چينايى مندرين

кітайская мандарынская

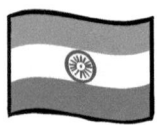

هندي

хіндзі

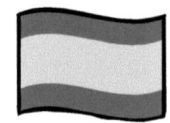

هسپانوي

іспанская

فرانسوي

французская

عربي

арабская

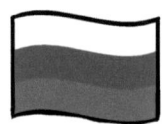

روسي

руская

پرتگالي

партугальская

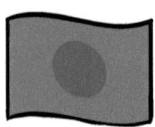

بنگالي

бенгальская

آلماني

нямецкая

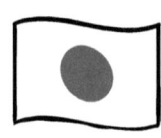

جاپاني

японская

زه

я

ته

ты

هغه/دغه/دا

ён / яна / яно

موږ

мы

تاسي

вы

دوی/هغوی

яны

څوک؟

хто?

څه؟

што?

څنګه؟

як?

چيري؟

дзе?

کله؟

калі?

نوم

імя

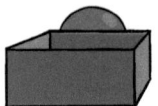

شاته

за

پَه

у

پَه مخه کي

перад

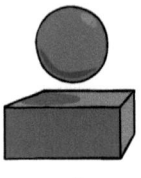

باندي

над

پَه

на

لاندي

пад

برسېره پر

каля

تَرمینځ

паміж

خُای

месца